AF607648

DATOS PERSONALES Y DERECHOS DE NIÑAS, NIÑOS Y ADOLESCENTES EN LA SOCIEDAD DE LA INFORMACIÓN

Consentimiento y servicios digitales

ACCESO GRATIS ***a la Lectura en la Nube***

Para visualizar el libro electrónico en la nube de lecture envíe junto a su nombre y apellidos una fotografía del código de barras situado en la contraportada del libro y otra del ticket de compra a la dirección:

ebooktirant@tirant.com

En un máximo de 72 horas laborales le enviaremos el código de acceso con sus instrucciones.

La visualización del libro en **NUBE DE LECTURA** excluye los usos bibliotecarios y públicos que puedan poner el archivo electrónico a disposición de una comunidad de lectores. Se permite tan solo un uso individual y privado

DATOS PERSONALES Y DERECHOS DE NIÑAS, NIÑOS Y ADOLESCENTES EN LA SOCIEDAD DE LA INFORMACIÓN

Consentimiento y servicios digitales

LINA ORNELAS

tirant lo blanch
Ciudad de México, 2024

Copyright ® 2024

Todos los derechos reservados. Ni la totalidad ni parte de este libro puede reproducirse o transmitirse por ningún procedimiento electrónico o mecánico, incluyendo fotocopia, grabación magnética, o cualquier almacenamiento de información y sistema de recuperación sin permiso escrito de la autora y del editor.

En caso de erratas y actualizaciones, la Editorial Tirant lo Blanch México publicará la pertinente corrección en la página web www.tirant.com/mex/

Este libro será publicado y distribuido internacionalmente en todos los países donde la Editorial Tirant lo Blanch esté presente.

© Lina Ornelas

© EDITA: TIRANT LO BLANCH
DISTRIBUYE: TIRANT LO BLANCH MÉXICO
Av. Tamaulipas 150, Oficina 502
Hipódromo, Cuauhtémoc, 06100, Ciudad de México
Telf: +52 1 55 65502317
infomex@tirant.com
www.tirant.com/mex/
www.tirant.es
ISBN: 978-84-1071-777-0

Si tiene alguna queja o sugerencia, envíenos un mail a: *atencioncliente@tirant.com*. En caso de no ser atendida su sugerencia, por favor, lea en *www.tirant.net/index.php/empresa/politicas-de-empresa* nuestro Procedimiento de quejas.

Responsabilidad Social Corporativa: http://www.tirant.net/Docs/RSCTirant.pdf

A Victoria y a Javier, por el impulso para escribir esta obra en mi periodo sabático. A Edgardo Martínez, por el valioso intercambio de ideas y a Elena Estavillo, por nuestra coincidencia por impulsar una mejor sociedad del futuro.

Índice

Presentación

ELENA ESTAVILLO
(Centro-i para la Sociedad del Futuro)[1]

Niñas, niños y adolescentes y datos personales, esa sola conjunción, abre un interesante espacio de debate y reflexión sobre la forma en la que el interés superior de los menores debería moldear, en un proceso evolutivo permanente, las reglas tradicionales del derecho, en general, para la convivencia de las niñas, niños y adolescentes con el mundo que los rodea. Esta circunstancia reviste de un valor incalculable todo análisis serio, comenzando por hacer consciencia de la preeminente responsabilidad que tenemos de velar por el bienestar de las niñas, niños y adolescentes como sujetos de derecho, además de percatarnos de su peso específico en el presente y en el futuro de nuestras sociedades.

Tarea nada sencilla, encontrándonos inmersas en un mundo digital y tecnológico, donde las niñas, niños y adolescentes son el grupo de la población más expuesto a las tecnologías digitales, con todo lo que ello conlleva: posibilidades de desarrollo, educación, innovación, pero también enormes retos y complejidades en la protección de su privacidad y seguridad, al tiempo que van construyendo una agencia propia que los convierta en personas adultas autónomas.

Esta obra que es la primera que publica Centro-i para la Sociedad del Futuro, pone en relieve un fenómeno social que para las familias, la sociedad y los gobiernos debiera ser de primer orden: la salud y la seguridad de las niñas, niños y adolescentes, en su interacción con la tecnología.

---

1 Directora General del Centro-i para la Sociedad del Futuro.

Resulta especialmente atractiva una obra por ser capaz de identificar una problemática puntual como lo es cuestionarse si las normas que regulan la interacción de las niñas, niños y adolescentes con las tecnologías digitales están pensadas y diseñadas para ellos y, de ser así, si la forma de abordar el tema es la adecuada y cumple con sus objetivos, con una verdadera empatía y entendimiento de sus necesidades.

La obra de Lina Ornelas inicia su análisis enfocándose en el consentimiento de las niñas, niños y adolescentes, desde su construcción general, a nivel legal e incluso constitucional, para después enfocarse en cómo se refleja en la legislación de datos personales.

Posteriormente, comparte una visión panorámica del derecho comparado, que incluye como referentes a los Estados Unidos de América y la Unión Europea, considerando su influencia comercial hacia México.

Para completar la visión comparada, se presenta un mapa de la regulación del consentimiento en las leyes de datos personales de América Latina refiriendo incluso diversos proyectos de modernización en Norteamérica, Centroamérica y Sudamérica.

Un aspecto valioso de la obra es su transversalidad, sin obviar que en su construcción va haciendo un cálculo en torno a México, lo cierto es que sus reflexiones y conclusiones podrían ser aprovechadas en el ámbito latinoamericano.

La obra de Lina Ornelas nos ofrece interesantes reflexiones, al tiempo que formula planteamientos valiosos para todos los actores involucrados en la edificación constante de ese espacio donde las niñas, niños y adolescentes pueden hacer realidad su derecho al pleno desarrollo físico, mental y social, y convertirse en ciudadanas y ciudadanos digitales con autonomía y agencia propia.

Si bien el estudio se enfoca principalmente en el consentimiento, tiene la cualidad de mostrarnos distintas dimensiones que también ameritan un trabajo específico, por lo que esta obra podría ser el punto de partida de futuros estudios y reflexiones, que sirvan para fortalecer las acciones a favor del interés superior de la niñez.

En Centro-i para la Sociedad del Futuro creemos que sólo a través de esfuerzos deliberados, conscientes y focalizados podremos aprovechar el potencial de las tecnologías digitales para proteger derechos humanos, cerrar brechas y resolver los grandes problemas de la humanidad. Generar inteligencia colectiva y socializar el conocimiento son acciones que forman parte de nuestra teoría del cambio. Por ello nos llena de entusiasmo iniciar nuestras publicaciones editoriales con esta obra de Lina Ornelas, encaminada a proteger los derechos humanos de las niñas, niños y adolescentes, cimentando la ciudadanía digital de nuestro futuro cercano.

Prólogo

GABRIELA RAMOS
(UNESCO)[2]

En la era digital, en la que las oportunidades de innovación, desarrollo y conexión global coexisten con desafíos de privacidad, seguridad y equidad, el impacto de las tecnologías en las niñas, niños y adolescentes es uno de los temas más sensibles y estratégicos. Es necesario su mejor entendimiento para comprender y abordar sus implicaciones. Por eso celebro el trabajo de Lina Ornelas, y su compromiso con esta agenda.

Comúnmente nos referimos a los niños, niñas y adolescentes (NNA) como nativos o nativas digitales; generaciones que han crecido con la tecnología como una parte integral de sus vidas. Sin embargo, el término no captura del todo los retos y realidades actuales por parte de este grupo etario, tanto en materia de accesibilidad y alfabetización digital, como frente a nuevos desafíos complejos ligados a temas de privacidad, consentimiento y salud mental. Por ejemplo, existe evidencia de la emergencia de una "epidemia de salud mental juvenil" en donde la interacción con las tecnologías y las redes sociales tienen mucho que ver. Por ello, muchos países han abordado la cuestión legislativa de esta realidad, particularmente en la Unión Europea y en el Reino Unido.

El trabajo de la UNESCO basado en la Recomendación sobre la ética de la inteligencia artificial, también aborda la interacción de los y las jóvenes y la tecnología, incluyendo preocupaciones clave, como la adicción algorítmica, el refuerzo de estereotipos de género, los sesgos algorítmicos

---

2 Directora General Adjunta para Ciencias Sociales y Humanas de La Organización de las Naciones Unidas para la Educación, la Ciencia y la Cultura (UNESCO).

y la afectación a su salud física y mental. La investigación llevada a cabo por jóvenes investigadores en el marco de nuestro programa "Youth as researchers" encontró que una de las mayores dificultades durante el COVID 19 fue organizar la interacción entre las NNA y la tecnología de una manera saludable.

También es cierto que las NNA continuarán intensificando el uso de las tecnologías en general y de la inteligencia artificial (IA) en particular y que se verán más afectadas por las consecuencias de las nuevas tecnologías, incluyendo la biología sintética, la computación cuántica, y la neuro tecnología. Asimismo, este colectivo será el más afectado por el impacto ambiental de los desarrollos tecnológicos.

Por ello, necesitamos una mejor comprensión de estos temas y más investigación, para basar las decisiones en evidencia científica. En particular, los gobiernos deben promover la utilización responsable de la tecnología al tiempo de incrementar la protección y la educación sobre estos temas, como parte de su deber de proteger (duty of care). Pero todos los actores tenemos responsabilidad compartida, y el trabajo de Lina abre horizontes en esta materia.

Esta obra innova al analizar cómo se diseña la tecnología y reflexiona si es adecuada para contribuir al desarrollo físico, mental y social de las NNA. Lina nos guía a través de la evolución de la legislación mexicana sobre las NNA, desde una concepción tradicional que les privaba de capacidad de ejercicio, hasta el reconocimiento de espacios propios y la irrupción de la tecnología. A través del derecho comparado, muestra cómo las primeras leyes especializadas en datos personales y NNA crearon los esquemas iniciales para regular su relación con la tecnología.

Este trabajo nos ayuda también a cuestionar si la dinámica tecnológica actual garantiza el pleno desarrollo físico, mental y social de las NNA. Plantea preguntas cruciales como si ciertos NNA deberían decidir sobre el tratamiento de sus datos en servicios digitales, si debería existir un esquema que regule cómo la industria diseña productos y servicios digitales para NNA, y si dentro de la categoría de NNA deberían diseñarse productos específicos para niñas, niños y adolescentes. Estas consideraciones son una importante contribución hacia la construcción de una sociedad de la información más humanista, equilibrada y cercana a nuestras NNA.

Referencias

- AEPD: Agencia Española de Protección de Datos.
- COPPA: *Children's Online Privacy Protection Act.*
- COPPA 2.0: *Children and Teens' Online Privacy Protection Act* (proyecto aprobado por el Senado)
- Convención: Convención sobre los Derechos del Niño.
- Estándares iberoamericanos: Estándares de Protección de Datos Personales para los Estados Iberoamericanos.
- FERPA: *Family Educational Rights and Privacy Act.*
- FTC: *Federal Trade Commission.*
- KOSA: Kids Online Safety Act (proyecto aprobado por el Senado)
- NNA: niñas, niños y adolescentes.
- Reglamento de Servicios Digitales: Reglamento (UE) 2022/2065 del Parlamento Europeo y del Consejo de 19 de octubre de 2022 relativo a un mercado único de servicios digitales.
- Red Iberoamericana: Red Iberoamericana de Protección de Datos.
- RGPD: REGLAMENTO (UE) 2016/679 DEL PARLAMENTO EUROPEO Y DEL CONSEJO de 27 de abril de 2016 relativo a la protección de las personas físicas en lo que respecta al tratamiento de datos personales y a la libre circulación de estos datos y por el que se deroga la Directiva 95/46/CE.
- SEGIB: Secretaría General Iberoamericana.

Contexto

El Internet es y ha sido un hito para la humanidad. Nunca como ahora en la era digital, el conocimiento ha podido ser aprovechado con las capacidades que la revolución tecnológica trajo consigo. Así como es una herramienta única y con un potencial inconmensurable de beneficios tales como hacer efectivo el ejercicio de derechos y libertades, al tiempo de facilitar el acceso a la cultura, educación, trabajo, salud, innovación, ocio y múltiples beneficios, resulta ineludible reconocer la necesidad de trabajar en los equilibrios para que Internet sea un lugar permanentemente seguro para las NNA. Por razones como esta, este colectivo social, ha sido objeto de cuidado y protección a nivel global desde hace décadas, debido a su vulnerabilidad.[3]

Desde la perspectiva del derecho internacional, el surgimiento de la Convención[4] abre un capítulo trascendental en la historia de la humanidad en la construcción de un mundo mejor, de un lugar adecuado, en favor de la infancia y la adolescencia.

---

3 En el presente artículo se empleará la denominación niñas, niños y adolescentes (NNA por su siglas) y no la de menores, infancia o niñez, dado que la legislación vigente en la materia en México, a saber, la Ley General de los Derechos de Niñas, Niños y Adolescentes emplea dicho término diferenciado, permitiendo con ello, proteger de mejor manera para este colectivo social, los principios que anteponen su interés superior en cualquier toma de decisiones, reconocer su autonomía progresiva y el derecho a la no discriminación, tan solo por mencionar algunos. Se hará referencia al interés superior del menor, por ser la utilizada en la Convención sobre los Derechos del Niño, sin el ánimo de darle un uso excluyente de este colectivo, ya sea por edad y/o género.
También se utilizará protección de datos personales y datos personales, indistintamente, para referir a protección de datos personales como derecho fundamental.

4 Organización de las Naciones Unidas. *Convención sobre los Derechos del Niño,* 20 de noviembre de 1989, recuperado de: https://www.un.org/es/events/childrenday/pdf/derechos.pdf

Un aspecto central de la Convención, que es el eje sobre el que se desarrollará el análisis en el presente documento, es el reconocimiento de las niñas y niños (seres humanos menores de 18 años) como individuos con derecho al pleno desarrollo físico, mental y social.

A lo largo de este análisis se hará una reflexión enfocada en la búsqueda de condiciones que favorezcan este derecho al pleno desarrollo físico, mental y social de NNA.

A sabiendas de que se trata de una temática de alcance transversal, se eligió un segmento específico, la relación de NNA y la tecnología. Se considera que esa relación es lo suficientemente significativa en términos cuantitativos y cualitativos, para emprender este estudio.

Veamos, brevemente, por qué es significativo el análisis de este tema en términos cuantitativos. Para ese fin se utilizaron dos instrumentos, uno nacional, la Encuesta Nacional de Consumo de Contenidos Audiovisuales 2023, y otro internacional, el informe El Estado Mundial de la Infancia 2017 - Niños en un mundo digital.

De acuerdo con la Encuesta Nacional de Consumo de Contenidos Audiovisuales 2023,[5] en su apartado dedicado a niñas y niños muestra los siguientes hallazgos:

- 83% utiliza internet.
- 68% utiliza alguna red social.
- 54% consume videojuegos y, en ese universo, el 51% juega en línea.
- 83% juega o interactúa con otras niñas y niños en línea.
- 82% consume videojuegos a través del teléfono celular.
- 33% está solo (no en compañía de alguien) mientras consume algún videojuego.

---

5 Instituto Federal de Telecomunicaciones (México). *Encuesta Nacional de Consumo de Contenidos Audiovisuales*, recuperado de: https://somosaudiencias.ift.org.mx/archivos/01reportefinalencca2023_vp.pdf

En el informe El Estado Mundial de la Infancia 2017 - Niños en un mundo digital,[6] ya desde 2017 mostraba aspectos muy reveladores sobre la forma en la que NNA se relacionan con el mundo digital:

- Los jóvenes (de 15 a 24 años) son el grupo de edad más conectado. En todo el mundo, el 71% están en línea, en comparación con el 48% de la población total.
- Las NNA menores de 18 años representan aproximadamente uno de cada tres usuarios de internet en todo el mundo.
- Un número mayor de pruebas empíricas revelan que las NNA están accediendo a internet a edades cada vez más tempranas. En algunos países, las niñas y niños menores de 15 años tienen la misma probabilidad de usar internet que los adultos mayores de 25 años.

La interacción de NNA con la tecnología es y ha sido un reto permanente para los Estados en esa búsqueda permanente de los mejores equilibrios para lograr su pleno desarrollo.

Este libro tiene por finalidad analizar si, en México, la legislación vigente (tradicional) de datos personales, propicia las mejores condiciones para que NNA puedan hacer efectivo su derecho de pleno desarrollo físico, mental y social, así como a expresar libremente sus opiniones. Esto, exclusivamente, desde la perspectiva del consentimiento que podrían otorgar para el tratamiento de sus datos para servicios digitales.

Lo anterior, desde un doble enfoque, primero, el de la promoción de los derechos en favor de la infancia y de la adolescencia, y, segundo, para prevenir, mitigar y combatir los daños a los que pueden estar expuestos las NNA cuando se produce un acceso, sin las medidas adecuadas para su

---

6 Fondo de las Naciones Unidas para la Infancia (UNICEF). *Estado mundial de la infancia 2017. Niños en un mundo digital, recuperado de*: https://www.unicef.org/media/48611/file#:~:text=Las%20tecnolog%C3%ADas%20digitales%20brindan%20oportunidades,y%20pueden%20ayudarles%20a%20resolverlos.

protección, frente a la oferta de aplicaciones y contenidos en la era digital, en general.

¿Por qué hacerlo desde la protección de datos personales? Se considera que es un buen punto de partida al ser un derecho fundamental que, en esencia, contribuye al libre desarrollo de la personalidad mediante el control que las personas tienen respecto de quién, cómo, cuándo, dónde y para qué utiliza la información personal que lo hace identificable.[7]

La pregunta a responder es si esa regla tradicional de los 18 años, para poder actuar en el mundo jurídico de forma directa, es el esquema más funcional para la interacción de las NNA con la tecnología o si es posible diseñar un esquema que responda de mejor forma para darles agencia y poder de decisión y discernimiento ante lo que ofrece la gran multiplicidad de contenidos de todo tipo, en el mundo digital.

Esta valoración en torno a la posibilidad de diferenciar de acuerdo al nivel de madurez de las NNA, para efectos de permitir que actúen de manera directa podría ser trascendental en la sociedad presente, esta sociedad moderna de la era de la información, de la era digital.

Como se ha documentado a través de diversos casos iniciados por las autoridades especializadas o llevados a los tribunales, especialmente en los Estados Unidos de América y en la Unión Europea,[8] la existencia de una oferta de ocio, por parte de la industria de internet, específicamente de redes sociales, videojuegos y aplicaciones, diseñadas para ofrecer

---

7 Red Iberoamericana de Protección de Datos. Estándares Iberoamericanos de Potección de Datos Personales para los Estados Iberoamericanos, considerandos (1) y (2), recuperado de: https://www.redipd.org/sites/default/files/inline-files/Estandares_Esp_Con_logo_RIPD.pdf

8 Más adelante, se hará un breve abordaje del caso que se dio a conocer el 16 de mayo de 2024 por el que la Comisión Europea inició un procedimiento formal contra Meta con relación con la protección de menores en Facebook e Instagram, en el contexto del Reglamento de Servicios Digitales. También se hará referencia a un par de casos en los Estados Unidos de América en los tribunales de California.

diversión, entretenimiento y/o aprendizajes, a través de explotar, de manera voluntaria o involuntaria, las debilidades y la inexperiencia de las NNA o, incluso, para generar un comportamiento adictivo, es capaz de provocar serias afectaciones, en algunos casos irreversibles y/o irreparables, en la salud física y/o mental de las NNA.

Aunque no es el objeto de este documento dar cuenta detallada y exhaustiva de casos específicos ante autoridades nacionales especializadas, o en los tribunales, contra plataformas, se consideró relevante hacer referencia al informe sobre el impacto en la salud mental que provocan las redes sociales en los menores, publicado en el año 2023, por el Consejo Asesor del Médico General de los Estados Unidos de América, también considerado como "El médico de la nación", ya que con dicho informe es posible visualizar esas razones cualitativas, de las que se habló previamente, como parte de la justificación de este documento para enfocar su análisis en la relación entre NNA y tecnología.

En el mencionado informe, se estima especialmente relevante, en términos de salud pública, que la adolescencia y la niñez representan una etapa crítica en el desarrollo del cerebro, que puede hacer que los jóvenes sean especialmente vulnerables a los daños que trae consigo su interacción en las redes sociales digitales. De ahí que se demande la adopción de medidas urgentes en materia de investigación, reducción de los daños y creación de entornos más seguros y saludables para proteger a los jóvenes.[9]

Planteado lo anterior, cuál es el factor que en particular interesa tener en cuenta, desde la perspectiva de datos personales, para favorecer el libre desarrollo de la personalidad de las NNA.

---

9 Office of the Surgeon General. *Social Media and Youth Mental Health 2023*, recuperado de: https://www.hhs.gov/sites/default/files/sg-youth-mental-health-social-media-advisory.pdf

El desarrollo tecnológico produjo una revolución[10] que implicó una transformación profunda para la humanidad.

Entre los componentes esenciales de esta imparable espiral de innovación se encuentra la información, misma que debido a la llegada del internet se recaba, almacena, transmite y divulga a velocidades inimaginables y en diversos formatos y plataformas.

Existe un tipo de información que interesa especialmente a la tecnología, toda la relacionada con la vida de las personas, los datos personales, ya que gracias a ese insumo clave es factible ofrecer, día a día, más y mejores productos y servicios y, con ello, innovar para alcanzar fronteras impensables en otras épocas, un buen ejemplo de esto, son los enormes avances de la neurociencia a partir de la revolución tecnológica.[11]

Indudablemente los avances científicos y tecnológicos producidos por y para la humanidad, así como sus múltiples aplicaciones prácticas que avanzan de manera exponencial por el uso de grandes datos y el aprendizaje de las máquinas e inteligencia artificial y tienen claros impactos de todo tipo en la vida de las personas y los menores no son ajenos a esos efectos.

Ahora bien, en la Convención, se reconoce como niñas y niños a los menores de 18 años, dato que servirá de referente general para este artículo.

La legislación civil en México sigue ese estándar global sobre la edad de los adultos, como regla general, y la minoría

---

10 Con relación a esta afirmación, pueden consultarse diversas obras, como MAYER-SCHÖNBERGER, VIKTOR Y CUKIER, KENNETH. *Big data. La revolución de los datos masivos*, editorial Océano, México, 2013.

11 Para mejor referencia sobre los alcances de la tecnología en el estudio del cerebro puede consultarse la siguiente entrevista: Yuste, Rafael. 02 de febrero de 2024. *Hay que proteger el cerebro como el santuario de nuestra mente porque ahí se genera la identidad humana, recuperado de:* https://www.somosiberoamerica.org/entrevista/rafael-yuste-hay-que-proteger-el-cerebro-como-el-santuario-de-nuestra-mente-porque-ahi-se-genera-la-identidad-humana/

de edad, desde la perspectiva del derecho civil,[12] refleja dos efectos puntuales, en lo que interesa a este artículo:

a) Atribuye a los menores el goce de derechos y libertades fundamentales.

b) Señala que las NNA ejercen sus derechos a través de un representante (adulto).

Esta descripción jurídica mexicana responde a una tradición jurídica amplia, de más de dos siglos, presente desde la expedición de los primeros códigos civiles en México.

La revolución tecnológica, específicamente sus premisas de funcionamiento, propicia el escenario perfecto para reflexionar sobre ese estándar histórico y valorar si es una herramienta, idónea o adecuada, para garantizar el derecho al pleno desarrollo físico, mental y social de los menores en ecosistemas digitales.

En este artículo se explora el caso mexicano y lo contrasta con una serie de referentes del derecho comparado.

Los referentes internacionales considerados fueron:

1. La Convención de las Naciones Unidas de 20 de noviembre de 1989, sobre los Derechos del Niño.
2. La COPPA.
3. El RGPD.
4. El Reglamento de Servicios Digitales.

Este análisis se circunscribe a valorar si es factible transitar por esquemas, distintos al tradicional, y vigente en México, relacionado con un límite de edad hasta antes de la llegar a la adultez, y reflexionar sobre la necesidad de modernización de la legislación mexicana de datos personales para distinguir,

---

12 El Código Civil mexicano, de 1870, en su artículo 694 establecía que la mayoría de edad se alcanzaba a los 21 años y que hasta ese momento se podía disponer de los bienes y de su persona: Congreso de la Unión. *Código Civil de Méjico*, recuperado de: https://www.cervantesvirtual.com/research/codigo-civil-de-mexico/db0ca7d0-280a-4bd3-8cbe-561769fd67a8.pdf

dentro del universo de las NNA, entre niñas y niños, por una parte, y, por la otra, adolescentes, y, a partir de esa distinción, propiciar la existencia de un ecosistema digital idóneo en función de su desarrollo y madurez, con una serie de sugerencias básicas que se describirán en este documento.

En ese contexto, el objetivo es contribuir al debate y reflexión, sobre la utilidad y funcionalidad del esquema tradicional de representación de las NNA, sin matices, en el contexto de la era digital y, si existen esquemas más efectivos que permitan a los menores un mejor desarrollo de su personalidad y ejercicio de su libertad de expresión.

Lo anterior, con una clara finalidad, brindar, por la vía legal, una mejor protección para la niñez y la adolescencia. Al respecto, se considera inaplazable que México inicie un amplio debate en el que se involucre a todos los actores, a nivel nacional, teniendo en cuenta la indispensable participación de las NNA, para buscar reformas al marco jurídico vigente a través de un debate informado, basado en un diagnóstico, con un enfoque sistémico y prospectivo de cara al futuro.

1. Constitución mexicana

Empecemos por revisar la propia Constitución Política de los Estados Unidos Mexicanos, para corroborar si existen referencias diferenciadas entre niñas y niños con relación a los adolescentes, para contar con un primer "mapa" normativo sobre la posibilidad de atribuir tratos jurídicos diferenciados entre el universo de los NNA.

La distinción entre niñas y niños y adolescentes aparece desde la propia Constitución mexicana en materias como:

1. Justicia[13] para referir, en general, al establecimiento de un sistema integral de justicia en el que se destacan las siguientes reglas de interés para este estudio:
   - El sistema de justicia será aplicable a quienes se atribuya la comisión o participación en un delito y tengan entre 12 años cumplidos y menos de 18 años de edad.
   - Los menores de 12 años, a quienes se atribuya que han cometido o participado en un delito, solamente podrán ser sujetos de asistencia social.
   - Los adolescentes mayores de 14 años, por la comisión o participación en un delito referir a su internamiento, podrían ser objeto de internamiento como medida extrema y por el tiempo más breve que proceda.
2. Trabajo[14] para autorizar la contratación de adolescentes, a partir de los 15 años con las siguientes condiciones:

---

13 Congreso de la Unión. Constitución Política de los Estados Unidos Mexicanos, artículo 18.

14 Congreso de la Unión. Constitución Política de los Estados Unidos Mexicanos, artículo 123, apartado A, fracción II, III y XI.

- Los mayores de 15, menores de 16, tendrán una jornada máxima de 6 horas.
- Quedan prohibidas las labores insalubres o peligrosas, el trabajo nocturno industrial y todo otro trabajo después de las diez de la noche, de los menores de 16 años.
- Se prohíbe el trabajo extraordinario para los menores de 16.

Justicia y trabajo representan dos temas de la mayor relevancia en materia social y de los derechos humanos, en general.

Es la propia Constitución mexicana la que reflejó, por su relevancia, una serie de referencias específicas, según se dio cuenta, para atribuir una serie de efectos jurídicos a la esfera de derechos de NNA en atención a su edad.

Dentro de esa minoría de edad, se hace una segmentación para establecer diferentes efectos, para una NNA, según su edad, ya sea para el desarrollo de actividades laborales, o bien, para la aplicación del sistema de justicia.

Para efectos de este documento, la distinción realizada por la Constitución mexicana marca una pauta determinante, dentro del universo de las NNA, es posible y válida su segmentación, en función de edades, para el diseño de esquemas jurídicos diferenciados, por ejemplo, entre niñas y niños con relación a adolescentes.

La Constitución da un par de casos que funcionan conforme a esta lógica de la segmentación descrita, aunque la citada Constitución no es la única fuente normativa en la que se pueden encontrar este tipo de referencias, también podrían existir en las leyes, ya que es el Código Civil Federal el que fija la mayoría de edad en 18 años, por regla general.

Por lo tanto, esa regla general de los 18 años podría ser modificada siempre que esa modificación se dé a través de una ley en sentido formal y material.

Por esa razón, se verá que, además de las referencias constitucionales, existen una serie de supuestos legales que establecen alguna regla específica tratándose de NNA, con lo que dará cuenta que las modulaciones, a la regla general del Código Civil Federal, no resultan ajenas a la tradición jurídica mexicana.

2. Legislación federal

2.1 LEY GENERAL DE LOS DERECHOS DE NIÑAS, NIÑOS Y ADOLESCENTES[15]

La Ley General de los Derechos de Niñas, Niños y Adolescentes[16] distingue, en función de la edad, entre niñas y niños respecto de los adolescentes, de la siguiente forma:

1. Se consideran niñas y niños los menores de 12 años.
2. Se consideran adolescentes los menores entre 12 años cumplidos y menos de 18 años de edad.

Se establece que para garantizar su protección considerarán, entre otros rubros, los aspectos culturales, éticos, afectivos, educativos y de salud de niñas, niños y adolescentes, en todos aquellos asuntos de su incumbencia, de acuerdo a su edad, desarrollo evolutivo, cognoscitivo y madurez.[17]

En ese sentido, destaca la referencia a tener en cuenta, para su protección, su edad, desarrollo evolutivo, cognoscitivo y madurez, ya que de nueva cuenta se observa que su edad y desarrollo pueden ser determinantes para, en este caso, garantizar su protección de mejor forma.

Entre los principios rectores está el derecho al adecuado desarrollo evolutivo de la personalidad.[18]

---

15 Congreso de la Unión. Ley General de los Derechos de Niñas, Niños y Adolescentes, recuperada de: https://www.diputados.gob.mx/LeyesBiblio/pdf/LGDNNA.pdf

16 Congreso de la Unión. Ley General de los Derechos de Niñas, Niños y Adolescentes, artículo 5.

17 Congreso de la Unión. *Ley General de los Derechos de Niñas, Niños y Adolescentes,* artículo 2, fracción II.

18 Congreso de la Unión. *Ley General de los Derechos de Niñas, Niños y Adolescentes,* artículo 6, fracción XV.

Establece un claro mandato a los legisladores federales y estatales en el sentido de indicar que las leyes deben prever, primordialmente, las acciones y mecanismos que permitan un crecimiento y desarrollo integral pleno a niñas, niños y adolescentes.[19]

En materia de adopción se establece que para que pueda tener lugar deber ser consentida por:[20]

- La Procuraduría de Protección correspondiente.
- El solicitante y (en su caso).
- El adolescente sujeto de adopción.

Al igual que la Constitución mexicana, en materia de justicia y trabajo, esta legislación atribuye efectos específicos al actuar de los adolescentes, en este caso para consentir su adopción.

También, para difusión de entrevistas a niñas, niños y adolescentes, en el caso de que no sea posible recabar el consentimiento de quienes ejercen la patria potestad o tutela de un adolescente, éste podrá otorgarlo siempre que ello no implique una afectación a su derecho a la privacidad por el menoscabo a su honra o reputación.[21]

En lo que refiere a niñas o niños, se señala que en ningún caso podrán ser detenidos, retenidos o privados de su libertad por la supuesta comisión o participación en un hecho que la ley señale como delito.[22]

Esta legislación refleja una serie de distinciones que dan cuenta de la necesidad de distinguir entre niñas y niños con relación a los adolescentes, para alcanzar una serie de objetivos,

---

19 Congreso de la Unión. *Ley General de los Derechos de Niñas, Niños y Adolescentes*, artículo 7.

20 Congreso de la Unión. *Ley General de los Derechos de Niñas, Niños y Adolescentes*, artículo 30 Bis 9.

21 Congreso de la Unión. *Ley General de los Derechos de Niñas, Niños y Adolescentes*, artículo 78.

22 Congreso de la Unión. *Ley General de los Derechos de Niñas, Niños y Adolescentes*, artículo 85.

garantizar derechos o atender de buena forma sus principios, entre otros temas.

Es una ley diseñada para los derechos de niñas, niños y adolescentes, que confirma lo que la Constitución, en otras materias, ya mostraba, esta atribución de efectos jurídicos distintos según se trate de niñas y niños o de adolescentes.

Al ser la ley especializada en NNA, no debe quedar duda que si allí se distinguió entre los dos grupos descritos para darles a cada uno regímenes jurídicos diversos, para atender de forma adecuada cada situación, sería válido extender esa distinción a otras materias en beneficio del interés superior de la infancia y adolescencia.

2.2 LEY FEDERAL DEL TRABAJO[23]

La Constitución mexicana establece la posibilidad de que las NNA, conforme a una serie de condiciones, puedan desarrollar actividades laborales.

En ese sentido, la legislación de la materia es un reflejo de la Constitución y permite el trabajo para adolescentes a partir de los 15 años.[24]

De nueva cuenta, es interesante ver cómo, utilizando un parámetro específico, los 15 años, se habilita la posibilidad de que un segmento de la población de NNA desarrolle una actividad vedada para quienes están fuera de ese rango.

No se alude a adolescentes aunque sí se eligió una edad, como punto de partida, para hacer posible la actividad laboral.

---

23 Congreso de la Unión. *Ley Federal del Trabajo*, recuperada de: https://www.diputados.gob.mx/LeyesBiblio/pdf/LFT.pdf

24 Congreso de la Unión. *Ley Federal del Trabajo*, artículo 5.

2.3 LEY GENERAL DE SALUD[25]

La planificación familiar tiene carácter prioritario. En sus actividades se debe incluir la información y orientación educativa para los adolescentes y jóvenes.[26]

En materia de salud era prácticamente ineludible el encontrar alguna disposición que distinguiera entre niños y niñas con relación a los adolescentes, ya que el propio desarrollo emocional y físico de las NNA va "generando" etapas o ciclos que requieren de un abordaje personalizado.

Y justo es el caso con la referencia en el contexto de la planeación familiar, donde se hace una referencia puntual a informar y orientar a las y los adolescentes y jóvenes.

Se vuelve a encontrar una nueva segmentación, en el universo de las NNA, para señalar una actividad específica dirigida a los adolescentes.

---

25 Congreso de la Unión. *Ley General de Salud*, recuperada de: https://www.diputados.gob.mx/LeyesBiblio/pdf/LGS.pdf

26 Congreso de la Unión. *Ley General de Salud*, artículo 67.

3. Consideraciones generales

Tanto la Constitución como las leyes establecen una pauta clara sobre la posibilidad de crear esquemas de excepción a la regla general del Código Civil Federal, para permitir que las NNA actúen en el mundo jurídico sin necesidad de hacerlo a través de un representante.

A partir de ello se puede afirmar que cada ley, en sentido formal y material, puede establecer válidamente los casos en los que las NNA están habilitados para actuar directamente, en el ámbito jurídico, y que, incluso, es posible distinguir, en función de la edad, si en algunos casos debe existir un régimen jurídico específico ya sea para niñas y niños, o bien, para adolescentes, según las circunstancias particulares.

A partir de esas referencias es posible indicar que no es una regla absoluta la edad de los 18 años como parámetro para que una persona actúe de forma directa para ejercer derechos o cumplir obligaciones, que es factible el diseño de esquemas normativos diferentes y que esos esquemas quedarían acotados a las materias y supuestos específicos que en particular se regulen.

En ese sentido, el establecimiento de excepciones a la regla general de los 18 años del Código Civil Federal no debe, *a priori*, ser visto o leído como una contradicción ni como una regulación impropia o fuera de lugar, por el solo hecho de fijar una excepción, ya que, según se ha visto, ello es válido. Donde en todo caso habría que hacer el énfasis, al momento de revisar esa excepción, sería en la justificación, en las razones por las cuales se considera que el diseño de ese esquema excepcional responde de mejor manera al interés superior de la infancia y de la adolescencia, por ejemplo.

4. Datos personales

La cuestión a responder en este apartado es si la legislación de datos personales requiere de la construcción de un esquema específico, calculado para NNA, para potenciar sus derechos en esta materia e, incluso, para potenciar otros derechos en un uso instrumental de la protección de los datos personales.

Empecemos por un breve preámbulo del horizonte normativo de la protección de los datos personales en México.

México es una federación y por esa razón existen competencias federales y competencias locales. Debido a esa circunstancia, existen leyes de alcance federal y otras de alcance local, en materia de datos personales.

Sumado a lo anterior, en el ámbito federal, datos personales está regulado en dos leyes, una relativa al tratamiento de datos en el contexto de los particulares (empresas y organizaciones privadas de todo tipo) y la otra para el tratamiento de datos en el espacio de las autoridades y organismos públicos del Estado mexicano.

Las leyes que se analizarán son las dos de carácter federal, en tanto que, ambas,[27] engloban los alcances del derecho a la protección de los datos personales en México. En ese orden de ideas, el referente legislativo, en materia civil, será el Código Civil Federal.

---

27 La legislación general (federal) para el sector público es el marco regulatorio de referencia al que están sujetas las 32 leyes estatales de datos personales en México, por mandato constitucional. Por esa razón se hace la afirmación que en las dos leyes federales se engloban los alcances legislativos de la protección de datos personales en México. Para mejor referencia al respecto se puede consultar el artículo 73, fracción XXIX-S de la Constitución Política de los Estados Unidos Mexicanos

El Código Civil Federal establece que la mayoría de edad comienza a los 18 años cumplidos.[28]

Al ser, los 18 años, una regla prevista en una ley en sentido, formal y material, el estudio se enfocará solamente en leyes y no en reglamentos u otras disposiciones imposibilitadas para modificar lo que establece el Código Civil Federal.

La Ley Federal de Protección de Datos Personales en Posesión de los Particulares (en adelante legislación del sector privado) no hace referencia explícita al consentimiento de los menores.[29]

En el caso de la Ley General de Protección de Datos Personales en Posesión de Sujetos Obligados (en adelante legislación del sector público), los artículos 20 y 49 sí contienen una referencia explícita al consentimiento de las NNA para remitir a las reglas de la legislación civil.

Entonces, a la fecha, no existe mayor distinción con relación a la regla general de la mayoría de edad establecida por el Código Civil Federal, por lo que la pregunta sería ¿debería el legislador mexicano distinguir para algún efecto particular? vayamos al derecho comparado para saber si allí existe alguna orientación.

---

[28] Congreso de la Unión. *Código Civil Federal,* artículo 646, recuperado de: https://www.diputados.gob.mx/LeyesBiblio/pdf/CCF.pdf

[29] Presidencia de la República. *Reglamento de la Ley Federal de Protección de Datos Personales en Posesión de los Particulares,* recuperado de: https://www.diputados.gob.mx/LeyesBiblio/regley/Reg_LFPDPPP.pdf. En su artículo 89, último párrafo, indica que para el ejercicio de los derechos de menores, se estará a las reglas de representación dispuestas en el Código Civil Federal.

5. Derecho comparado

5.1 LA CONVENCIÓN[30]

La Convención es el primer instrumento internacional sobre los derechos de las niñas y niños. Es vinculante para todos los estados firmantes.

En la Convención, fija el parámetro de los 18 años para la mayoría de edad con lo que, niña o niño, es todo ser humano menor de esa edad, salvo que, en virtud de la ley que le sea aplicable, haya alcanzado antes la mayoría de edad.[31]

Un tema a destacar, para los fines de este artículo, es el relativo a la obligación de garantizar a las NNA, que estén en condiciones de formarse un juicio propio, el derecho de expresar su opinión libremente en los asuntos que le afecten. Para ese efecto, debe tenerse en cuenta las opiniones de las NNA, en función de su edad y madurez. Para tal fin, se da a las NNA la oportunidad de ser escuchadas, directamente o por medio de un representante, de acuerdo con las normas nacionales.[32]

Al respecto, se resalta la referencia a la expresión "al niño que esté en condiciones de formarse un juicio propio", ya que, nuevamente, se hace una distinción, en este caso, en función de esa capacidad de juicio que puede tener un menor.

En materia de trabajo, se reconoce el deber de los Estados para proteger a las niñas y niños contra el desempeño de cualquier trabajo nocivo para su salud, educación o desarrollo,

---

30 Organización de las Naciones Unidas. *Convención sobre los Derechos del Niño,* 20 de noviembre de 1989, recuperado de: https://www.un.org/es/events/childrenday/pdf/derechos.pdf

31 Organización de las Naciones Unidas. *Convención sobre los Derechos del Niño,* artículo 1.

32 Organización de las Naciones Unidas. *Convención sobre los Derechos del Niño,* artículo 12.

así como a fijar edades mínimas para emplearse.[33] Como se puede advertir, esto da pauta a casos, como el de la legislación del trabajo en México, para hacer una segmentación en el universo de las NNA, entre aquellos que podrían trabajar y los que no.

Con relación a la comisión de delitos, se indica que a ninguna niña o niño se le impondrá la pena capital ni la de prisión perpetua sin posibilidad de excarcelación por delitos cometidos por menores de 18 años de edad. Esta referencia tiene su reflejo en los temas de justicia para las NNA, como también se describió en el caso mexicano.

Con relación a los conflictos armados, los Estados están obligados a adoptar todas las medidas posibles para asegurar que las NNA, que no hayan cumplido los 15 años, no participen directamente en las hostilidades.[34] También, se señala que los Estados se abstendrán de reclutar en las fuerzas armadas a las personas que no hayan cumplido los 15 años de edad.

Desde la propia Convención se reafirma este esquema regulatorio donde, para situaciones específicas, resulta factible asignar efectos jurídicos distintos a las NNA más pequeños respecto de los de mayor madurez y/o edad.

5.2 COPPA

La COPPA[35] tiene por finalidad proteger la información personal de las NNA, en los sitios *web* y servicios en línea.

La COPPA establece que el término niña y niños se refiere a un menor de 13 años y que cualquier operador de un sitio

---

33 Organización de las Naciones Unidas. *Convención sobre los Derechos del Niño,* artículo 32.

34 Organización de las Naciones Unidas. *Convención sobre los Derechos del Niño,* artículo 38.

35 Congreso de los Estados Unidos de América. *Children's Online Privacy Protection Act, recuperado de:* https://uscode.house.gov/view.xhtml?path=/prelim@title15/chapter91&edition=prelim

web o servicio en línea, dirigido a niñas y niños del que tenga conocimiento real de que está recopilando o manteniendo información personal, debe obtener un consentimiento parental verificable antes de cualquier recopilación, uso y/o divulgación de información personal de las niñas y niños.[36]

Como se puede advertir, la COPPA refleja una distinción, en términos de edad, para establecer que, se considerarán niñas y niños, los menores de 13 años y que, para ese segmento de personas, es necesario obtener el consentimiento de los padres, previo a la obtención de cualquier información personal. En consecuencia, las personas de 13 años en adelante no requieren del consentimiento de sus padres.

Adicionalmente a la existencia de COPPA, en los Estados Unidos de América, la FTC, ha emitido guías para otorgar el consentimiento parental de manera verificable, antes de usar o difundir datos de NNA. En ellas se establece como primer paso, el que las plataformas cuenten con una política de privacidad clara sobre las finalidades del tratamiento, en general, y todos los aspectos que conlleva. Adicionalmente se requiere un aviso de privacidad, para padre, madre o representante, de modo que ellos proporcionen información específica.[37] Como en todo tratamiento de datos, el consentimiento parental, tratándose de datos de NNA, tiene excepciones.[38]

Por su parte, diversos Estados de la Unión Americana[39] han regulado por ejemplo, la necesidad de contar con el

---

36 Congreso de los Estados Unidos de América. *Children's Online Privacy Protection Act,* §6501. Definitions.

37 Ver el Acuerdo FTC & Moto, así como el acuerdo logrado con Amazon, en materia de eliminación y borrado de datos personales.

38 Por ejemplo, cuando se otorgan servicios de soporte interno a un sitio en internet, no sería necesario el consentimiento parental, para tratar datos de NNA.

39 En materia de privacidad, además de California —CCPA— que incluye el término *Age Appropriate Design Code,* existen leyes ad-hoc en Colorado, Connecticut, Florida y Virginia. Por su parte, Utah cuenta con Utah Social Media Regulation Act y en Arkansas con Arkansas Social Media Safety Act.

consentimiento expreso (*opt-in*) de los padres cuando se trata de menores entre 13 y 16 años. También se consideran datos sensibles aquellos de menores de 13 años, con todo lo que ello conlleva en materia de medidas de seguridad, entre otros aspectos de cumplimiento normativo. En general, la FTC suele publicar mejores prácticas para la verificación del consentimiento parental, por ejemplo, tomar en cuenta la naturaleza del producto a lanzar, cómo segmentar audiencias mixtas, entre otras.

Asimismo, existen esfuerzos recientes como la emisión de la *FERPA*, regulación que resulta aplicable al tratamiento de datos de educación en las escuelas, que permite a los padres acceder a la información de los archivos que contienen el desempeño escolar de sus hijos.

Por último, derivado de los desafíos que trae consigo la interacción de NNA en el metaverso, por ejemplo, para poner a disposición las políticas de privacidad que expliquen clara y transparentemente las finalidades del tratamiento y obtener de ese modo el consentimiento, la FTC realiza esfuerzos por analizar y resolver los formatos y dinámicas aplicables a los NNA entre 13-17 años, sin tener todavía una guía al respecto. Otros desafíos consisten en poder diferenciar entre contenido orgánico VS anuncios.[40]

De igual forma, el uso de Inteligencia Artificial Generativa comienza a usarse de manera extensiva para producir anuncios más subliminales y atractivos para las NNA, y el problema es que por ejemplo, en el ámbito de los videojuegos, esto se complica más dado que el comportamiento de las NNA es impulsivo y desde el punto de vista psicológico, toda su atención está puesta en ganar puntos, obtener recompensas o salvar la vida de su avatar, que en otorgar el consentimiento para recibir publicidad basada en comportamientos o el seguimiento de

---

40 Ver caso EPIC Games, sobre la incapacidad de NNA para diferenciar contenido orgánico versus anuncios, ya que no les resulta fácil distinguir un avatar real con el que interactúan, de aquellos que no lo son.

cookies. *Con un poco de insistencia, la propaganda generada por IA es más efectiva que la propaganda escrita por humanos.*[41]

Para completar el panorama normativo actual, en torno a la COPPA, resulta indispensable mencionar la reciente aprobación del Senado[42] de dos proyectos de ley[43] directamente relacionados con el tratamiento de datos personales de las NNA:

- COPPA 2.0
- KOSA

Con estos dos proyectos, el Senado busca poner al día los contenidos vigentes de la COPPA. Al respecto, el propio Senado destacó una serie de aspectos de cada proyecto:[44]

La COPPA 2.0 prohíbe en Internet la recopilación de datos personales de menores de 17 años sin su consentimiento, también la publicidad dirigida a niños y adolescentes, además de crear un botón para que los padres eliminen la información personal en línea. Para fortalecer a la FTC, se crea la División de Privacidad y Marketing Juvenil.

La KOSA proporciona, a padres e hijos, herramientas para protegerse contra los daños en línea, establece un deber de cuidado para las plataformas y les exige que activen las configuraciones protectoras de niñas y niños de forma predeterminada, con opciones para los menores para proteger

---

41 Para mayor detalle sobre los efectos que produce la IA en la publicidad dirigida, se puede consultar: Walsh, Dylan (01 de mayo de 2024). La máquina de la desinformación: ¿Qué tan susceptibles somos a la propaganda de la IA? (stanford.edu), HAI.

42 Comisión de comercio, ciencia y transporte del Senado de los Estados Unidos de América, comunicado de prensa (30 de julio de 2024), recuperado de: https://www.commerce.senate.gov/2024/7/senate-overwhelmingly-passes-children-s-online-privacy-legislation

43 Con fecha 30 de julio de 2024 se produjo esta aprobación.

44 Comisión de comercio, ciencia y transporte del Senado de los Estados Unidos de América, comunicado de prensa (30 de julio de 2024), recuperado de: https://www.commerce.senate.gov/2024/7/senate-overwhelmingly-passes-children-s-online-privacy-legislation

su información, deshabilitar las funciones adictivas de algún producto, así como el decidir no recibir recomendaciones algorítmicas personalizadas.

Ahora, habrá que dar seguimiento a los trabajos legislativos que se desarrollen en la Cámara de Representantes con relación a estos dos proyectos.

Para efectos de este análisis tan importante es conocer hacia dónde se están orientando los proyectos de modernización como las reflexiones, razones e información que los respaldan. En ese sentido, resultan particularmente reveladores, para los propósitos de este libro, la serie de razones que los senadores, Markey y Cassidy,[45] expusieron en el contexto de la reintroducción de la COPPA 2.0, conforme a lo siguiente:

- La COPPA dio pasos importantes para la salvaguarda de las niñas y niños en Internet, no obstante, resultaba indispensable su modernización a la luz de los grandes cambios en el panorama actual.
- Más del 90% de los padres y madres coinciden en la necesidad de que las normas de privacidad infantil se extiendan a los adolescentes.
- La necesidad de un marco integral de protección para salvaguardar la privacidad de las NNA, en línea, se ha vuelto significativamente más urgente a medida que su salud mental se deteriora.
- Los niños y niñas carecen de capacidades cognitivas para que su tiempo en línea sea seguro. A esto, habría que sumar que su uso de Internet se duplicó con motivo de la pandemia.

---

45 Markey, Ed. Comunicado de prensa (03 de mayo de 2023) recuperado de: https://www.markey.senate.gov/news/press-releases/senators-markey-and-cassidy-reintroduce-coppa-20-bipartisan-legislation-to-protect-online-privacy-of-children-and-teens

- Las NNA de los Estados Unidos de América enfrentan una crisis de salud mental impulsada, en parte, por las grandes empresas tecnológicas.
- La Academia Estadounidense de Pediatría ha declarado una emergencia nacional para la salud mental infantil. Al respecto, recientemente, los Centros para el Control y la Prevención de Enfermedades descubrieron que, 1 de cada 10 niñas de secundaria, contempló el suicidio en el último año.
- Las grandes empresas tecnológicas contribuyen conscientemente a esta devastadora tendencia. Conforme a las propias investigaciones internas de la industria se muestra que cuando los jóvenes se sienten mal, las redes sociales los hacen sentir peor.

El primer aspecto a resaltar es la conciencia por modernizar su legislación vigente ante la realidad tecnológica. Esa conciencia se traduce en un reconocimiento explícito, de los senadores norteamericanos, de que la realidad tecnológica hace tiempo que se distanció de los contenidos de la COPPA.

Otro componente que llama la atención es esta reconfiguración mediante la cual se incorpora al espacio de protección a los adolescentes. Como ya quedó indicado, la COPPA está diseñada para la protección, de niñas y niños en línea, hasta los 13 años. Es del todo significativa la referencia de los senadores al indicar que más del 90% de los padres y madres coinciden en la necesidad de que las normas de privacidad infantil se extiendan a los adolescentes.

Es posible que este equilibrio, en torno a los adolescentes, hubiera sido saludable desde la entrada en vigor de la COPPA, bajo la lógica de que si bien los adolescentes, en este caso la franja que va de los 14 a 17 años, son distinguibles de las niñas y niños de hasta 13 años, eso no significa que los adolescentes puedan equipararse, para efectos de su interacción con la tecnología, con los adultos.

También destaca el vínculo entre privacidad y salud mental, de hecho, aquí podría encontrarse el aspecto más relevante, para la sociedad global, sobre la relación entre las NNA y la tecnología. Uno de los aspectos más preocupantes, relacionados con las NNA, es su salud mental, ya que cada vez son más las voces institucionales que se pronuncian en los Estados Unidos de América.

Al respecto, en diciembre de 2020, la FTC emitió un conjunto de órdenes[46] a nueve empresas, tanto de redes sociales como de transmisión de video, con la finalidad de que compartieran información sobre recopilación, uso y presentación de información personal, sus prácticas publicitarias y de participación del usuario, y, también, sobre la forma en la que sus prácticas podrían afectar a las NNA.

En septiembre de 2024, la FTC publicó su informe el cual revela que las grandes empresas de redes sociales y transmisión de video han llevado a cabo una amplia vigilancia de los usuarios con controles de privacidad laxos y salvaguardas inadecuadas para niños y adolescentes[47].

En ese tenor, se considera clave, por una parte, comprender de buena forma la situación, el problema, y, por la otra, para la búsqueda de soluciones. En la medida que los tomadores de decisiones logren claridad en este aspecto, las posibilidades de que las regulaciones mejoren, serán más altas.

---

46 *La FTC emite órdenes a nueve servicios de redes sociales y transmisión de video en busca de datos sobre cómo recopilan, usan y presentan información*, recuperado de: https://www.ftc.gov/news-events/news/press-releases/2020/12/ftc-issues-orders-nine-social-media-video-streaming-services-seeking-data-about-how-they-collect-use
La FTC emitió las órdenes con sustento en la Sección 6(b) de su Ley. Esa facultad le autoriza a la realización de estudios de amplio alcance que no tienen un propósito específico de aplicación de la ley. Las órdenes se enviaron a Amazon.com, Inc., ByteDance Ltd., que opera el servicio de videos cortos TikTok, Discord Inc., Facebook, Inc., Reddit, Inc., Snap Inc., Twitter, Inc., WhatsApp Inc. y YouTube LLC.

47 Recuperado de: Un informe del personal de la FTC revela que las grandes empresas de redes sociales y transmisión de video han llevado a cabo una amplia vigilancia de los usuarios con controles de privacidad laxos y salvaguardas inadecuadas para niños y adolescentes | Comisión Federal de Comercio.

5.3 RGPD

De su considerando número 38[48] destaca lo siguiente:

- Que las NNA merecen una protección específica de sus datos personales debido a que podrían ser menos conscientes de riesgos y consecuencias vinculadas al tratamiento de sus datos.
- Hace énfasis en la protección de datos utilizados con fines de mercadotecnia o elaboración de perfiles, así como para la obtención de datos personales de niñas y niños cuando se utilicen servicios ofrecidos directamente a una niña o a un niño.
- Que el consentimiento de los padres no debe ser necesario en el contexto de los servicios preventivos o de asesoramiento ofrecidos directamente a las niñas y a los niños.

Como se puede advertir, el RGPD perfila una serie de temas por los que estima indispensable contar con un régimen particular para las NNA.

Llama la atención la referencia relativa a los servicios preventivos o de asesoramiento ofrecidos directamente a las niñas y niños, ya que es un buen ejemplo para mostrar la evolución sobre la forma en la que se avanza en materia de autonomía de las NNA.

En materia de consentimiento,[49] se establece que, siendo exigible el consentimiento, con relación a la oferta directa a las NNA de servicios de la sociedad de la información, el tratamiento de los datos personales de una NNA se considerará lícito cuando tenga como mínimo 16 años. Si la NNA es menor

---

48 Parlamento Europeo y Consejo. *REGLAMENTO (UE) 2016/679 DEL PARLAMENTO EUROPEO Y DEL CONSEJO de 27 de abril de 2016 relativo a la protección de las personas físicas en lo que respecta al tratamiento de datos personales y a la libre circulación de estos datos y por el que se deroga la Directiva 95/46/CE (Reglamento general de protección de datos),* recuperado de: https://www.boe.es/doue/2016/119/L00001-00088.pdf.

49 Idem, artículo 8.

de 16 años, tal tratamiento únicamente se considerará lícito si el consentimiento lo dio o autorizó el titular de la patria potestad o tutela sobre la NNA.

También, se establece que los Estados miembros podrán establecer, por ley, una edad inferior, siempre que esta no sea inferior a 13 años.

Se establece el deber de los responsables, de hacer esfuerzos razonables, para verificar que el consentimiento fue dado o autorizado por el titular de la patria potestad o tutela sobre la NNA, teniendo en cuenta la tecnología disponible.

5.4 REGLAMENTO DE SERVICIOS DIGITALES[50]

La primera referencia a subrayar se encuentra entre los considerandos, donde se indica que, los prestadores de servicios intermediarios que estén dirigidos principalmente a NNA o que sean utilizados predominantemente por NNA, deben realizar un esfuerzo particular para que la explicación de sus condiciones generales sea comprendida con facilidad por parte de las NNA.[51]

En la evaluación de riesgos para los derechos de las NNA, los prestadores de plataformas en línea de muy gran tamaño y de motores de búsqueda en línea de muy gran tamaño deben tener en cuenta si le es fácil a las NNA comprender el diseño y funcionamiento del servicio, la manera en que pueden verse expuestos, a través de su servicio, a contenidos que puedan perjudicar su salud y su desarrollo físico, mental y moral, entre otros.[52]

---

50 Parlamento Europeo y Consejo. *REGLAMENTO (UE) 2022/2065 DEL PARLAMENTO EUROPEO Y DEL CONSEJO de 19 de octubre de 2022 relativo a un mercado único de servicios digitales y por el que se modifica la Directiva 2000/31/CE (Reglamento de Servicios Digitales),* recuperado de: https://eur-lex.europa.eu/legal-content/ES/TXT/PDF/?uri=CELEX:32022R2065

51 Idem, considerando 46.

52 Idem, considerando 81.

En ese sentido, se cita a manera de ejemplo que es posible incurrir en los riesgos descritos con interfaces en línea que estén diseñadas de manera que exploten intencionada o involuntariamente las debilidades y la inexperiencia de las NNA o que puedan generar un comportamiento adictivo.

En sus contenidos regulatorios, establece que los prestadores de plataformas en línea accesibles a las NNA establecerán medidas adecuadas y proporcionadas para garantizar un elevado nivel de privacidad, seguridad y protección de las NNA en su servicio.[53]

Entre las obligaciones de los prestadores de plataformas en línea de muy gran tamaño y de motores de búsqueda en línea de muy gran tamaño, se podrían incluir la adopción de medidas específicas para proteger los derechos de las NNA, incluidas herramientas de comprobación de la edad y de control parental, herramientas destinadas a ayudar a las NNA a señalar abusos u obtener ayuda.[54]

5.5 ESTÁNDARES IBEROAMERICANOS

Los Estándares iberoamericanos,[55] al referir a las NNA en sus considerando trece, indican que debido a la especial vulnerabilidad de las NNA, se les debe proteger, con la finalidad de preservar su interés superior, el libre desarrollo de su personalidad, su seguridad y otros valores indispensables para los Estados Iberoamericanos.

---

53 Idem, artículo 28.

54 Idem, artículo 35.

55 Red Iberoamericana de Protección de Datos. *Estándares Iberoamericanos de Potección de Datos Personales para los Estados Iberoamericanos*, recuperado de: https://www.redipd.org/sites/default/files/inline-files/Estandares_Esp_Con_logo_RIPD.pdf

En su articulado,[56] se establecen una serie de parámetros orientadores para los reguladores en Iberoamérica, se destacan algunos puntos de utilidad para esta obra:

- Se debe privilegiar su interés superior en el tratamiento de datos personales.
- Se promoverá en su formación académica: el uso responsable, adecuado y seguro de las tecnologías y los riesgos a los que se enfrentan en ambientes digitales respecto del tratamiento de sus datos personales.

Se prevé la posibilidad de que los Estados regulen, en ambos casos de forma válida, que el consentimiento sea otorgado por las personas a cargo de la patria potestad, o bien, directamente por las NNA, con motivo del tratamiento de sus datos personales.[57]

No desarrolla mayores referencias sobre los rangos de edad, recomendables, para las NNA que otorguen su consentimiento.

Obliga a los responsables a realizar esfuerzos razonables para verificar que el consentimiento haya sido otorgado por la persona a cargo de la patria potestad o tutela, o bien, por la NNA, según sea el caso, en función de la tecnología disponible.[58]

Se trata de un referente regulatorio de interés particular al ser un instrumento regional, especializado en datos personales, que persigue la construcción de orientaciones para legisladores nacionales, reguladores, generadores de política pública, entre otros.

En Iberoamérica, debido a su tradición jurídica, la regulación tiene un peso específico muy importante en la interacción de las personas, gobiernos y empresas.

En ese sentido, teniendo en mente a los reguladores, la referencia puntual a las NNA, como grupo vulnerable, es un

---

56 Idem, artículo 8.

57 Idem, artículo 13.

58 Idem, artículo 13.

tema clave para comprender por qué importa hacer algo para las NNA y cómo hacerlo de mejor forma.

En la medida que este factor, llamado vulnerabilidad, sea transmitido a los reguladores de buena forma, la meta perseguida estará más al alcance.

Establecido ese punto de partida (vulnerabilidad), los Estándares iberoamericanos refieren a dos temas, que a manera de brújula, sirven para orientar los trabajos de los reguladores, la preservación del interés superior y el libre desarrollo de lapersonalidad de NNA. Esto, sin perjuicio de que los Estados, adicionen, algunos otros valores que consideren oportunos.

Planteado lo anterior, cabe cuestionarse ¿cuál ha sido el impacto de los Estándares iberoamericanos, en la región, en torno al tema?

Como se verá más adelante, al revisar de forma general la legislación en la región, la influencia de esta propuesta que se hace desde los Estándares iberoamericanos, de junio de 2017 a la fecha, esencialmente se enfoca en la posibilidad de que las NNA consientan directamente.

¿Qué aspectos adicionales, en un planteamiento normativo más amplio, podrían formar parte de las agendas regulatorias?

- La necesidad de explicar con facilidad las condiciones generales de los servicios que se prestan, dirigidos a NNA, de modo que resulten comprensibles.
- El deber de desarrollar evaluaciones de riesgo efectivas, por parte de prestadores de servicios que eviten diseños destinados a explotar, intencionada o involuntariamente, las debilidades e inexperiencia de las NNA o que puedan generar un comportamiento adictivo.
- La obligación de garantizar la realización de esfuerzos adecuados para verificar que el consentimiento haya sido otorgado por la persona que debe otorgarlo y que esa verificación no genere nuevos riesgos, en el caso de que se trate de NNA.

Con relación a los sistemas de verificación de la edad, conviene destacar el esfuerzo realizado por la AEPD.

A finales de 2023 presentó una propuesta que sirve para corroborar la edad para proteger a las NNA del acceso a contenidos para adultos y que estos contenidos, a su vez, puedan ser accesibles para aquellas personas que puedan demostrar su edad sin necesidad de hacer visible su identidad. Ello, en la conciencia de que los sistemas de verificación actuales[59] han demostrado riesgos como la localización de NNA a través de Internet, la incertidumbre respecto de la edad que se declara, la exposición de la identidad entre múltiples participantes en la Red, el perfilado masivo, o recopilación y tratamiento de datos en exceso.[60]

Por otra parte, en fechas recientes a la culminación de este libro, se dio a conocer[61] que la SEGIB y la Red Iberoamericana celebraron un acuerdo para avanzar en la protección de datos en la región iberoamericana.

En ese acuerdo se hace referencia a la actualización de los Estándares iberoamericanos para atender al desafío que representa la protección de los menores en los entornos digitales a través de herramientas no intrusivas, entre otros temas.

---

59 La AEPD hace referencia a casos como la autodeclaración, el compartir credenciales con el proveedor de contenidos, que dicho proveedor estime la edad, o bien, la existencia de una entidad intermediaria entre usuario y el proveedor. Agencia Española de Protección de Datos. Comunicado de prensa (14 de diciembre de 2023), recuperado de: https://www.aepd.es/prensa-y-comunicacion/notas-de-prensa/aepd-presenta-sistema-verificacion-edad-para-proteger-a-menores-de-edad

60 Agencia Española de Protección de Datos. Comunicado de prensa (14 de diciembre de 2023), recuperado de: https://www.aepd.es/prensa-y-comunicacion/notas-de-prensa/aepd-presenta-sistema-verificacion-edad-para-proteger-a-menores-de-edad

61 Secretaría General Iberoamericana. Comunicado (15 de julio de 2024). Recuperado de: La SEGIB y la Red Iberoamericana de Protección de Datos (RIPD) firman acuerdo para avanzar en la protección de datos en la región - SEGIB

La actualización de los Estándares iberoamericanos, y tener presente la necesidad de reforzar la protección de las NNA en los entornos digitales, abre la puerta, a una nueva posibilidad, para construir una visión común, integral y adecuada en el tema.

Iberoamérica, como región, posee una serie de coincidencias que podrían ser de gran ayuda para el diseño, de propuestas transversales, que sirvan para orientar el trabajo de los reguladores nacionales, al momento de enfrentar retos, como lo es el de una efectiva protección de las NNA, en el ámbito del aprovechamiento de sus datos personales.

La Red Iberoamericana, en su calidad de autora de los Estándares iberoamericanos vigentes, podría considerar, en esta actualización, una participación amplia de los actores involucrados, aspecto clave para lograr la mejor aproximación a una solución completa y funcional. Hacer partícipes a todos esos actores que guardan relación con las NNA y su interacción con la tecnología podría enriquecer, sustancialmente, el proceso de trabajo.

Esa actualización de los Estándares iberoamericanos representa una oportunidad idónea para ser, más enfáticos y claros, sobre la necesidad de proveer, a las NNA, de un horizonte regulatorio, más amplio, que aborde de forma integral la situación.

Datos personales representa un tema presente en la vida de cada persona, con alto valor e impacto social, empresarial y gubernamental y, a pesar de ello, con una atención que no es proporcional a su valor en cada uno de esos ámbitos.

No es suficiente contar con regulación y con una autoridad especializada en protección de datos personales, la labor, seguramente más compleja, está en la incorporación de la protección de los datos personales a la vida de las personas, a los ámbitos corporativos, gubernamentales, y sociales.

Ese propiciamiento de condiciones para generar una conciencia individual, corporativa, política y social, sobre el aprovechamiento responsable de los datos personales, muy especialmente cuando esos datos personales corresponden a las NNA, es una labor que conlleva un amplio y duradero esfuerzo.

En ese contexto, se tiene la consideración de que no se ha llegado al grado de evolución donde existe una atención proporcional, al tema datos personales, que corresponda con su valor individual, corporativa, política y socialmente.

Conforme a dicho estado de cosas, esfuerzos, como el de la Red Iberoamericana, podrían ser especialmente valiosos, al facilitar a los reguladores nacionales modelos, propuestas, diseños, entre otros, que mejoren las condiciones de las NNA en los entornos digitales, con motivo del tratamiento de sus datos personales.

Desde luego, la construcción normativa no sería lo único por trabajar, por lo que la Red Iberoamericana podría enfocarse en la generación de desarrollos y herramientas que le den sentido a las referencias abstractas y generales de los Estándares Iberoamericanos.

Acompañar los Estándares Iberoamericanos de instrumentos y documentos que ayuden a comprenderlos, de mejor forma, y también a construir los pasos siguientes a la emisión de la regulación, podrían significar un apoyo técnico determinante, en el ámbito nacional, para los integrantes de la comunidad iberoamericana.

En ese sentido, trazar un diseño normativo que oriente los trabajos hacia las mejores prácticas en materia de tratamiento de datos de NNA que, además, tenga claro los pasos a dar para el diseño de políticas públicas y su implementación, resulta imprescindible para trascender de ese estado de cosas donde, se regula un tema, y no se desarrollan las estrategias ni las acciones, adecuadas y/o suficientes, para llevar a la realidad esa regulación.

Lograr esta conjunción ideal de factores y de conocimiento es sólo posible si se cuenta con la participación de todos los actores involucrados en la protección de los datos personales de las NNA. En este aspecto sería de gran valor retomar una de las recomendaciones que desde el año 2011 proponía el Memorándum de Montevideo, donde se hace un recordatorio sobre la importancia de que las NNA sean consultados y que sus opiniones sean consideradas en las medidas de implementación.[62]

Por esa razón, la Red Iberoamericana y/o los organismos internacionales, regionales, centros de pensamiento, observatorios, universidades, especialistas y la sociedad civil, en general, tienen ante sí un reto de gran envergadura del que, en una medida importante, depende el futuro de las NNA, en condiciones adecuadas, en su interacción con la tecnología y los espacios digitales.

¿Qué sociedad se quiere, hoy y en el futuro? La respuesta está ineludiblemente vinculada a las decisiones que sociedades y gobiernos adopten en torno a las NNA y el aprovechamiento de sus datos personales.

5.6 CASOS

5.6.1 Comisión Europea vs Meta

Hasta este punto, el análisis realizado se ha enfocado, esencialmente, en cuestiones normativas, no obstante, se

---

62 Gregorio, Carlos G.-Ornelas, Lina, compiladores. Protección de datos personales en las Redes Sociales Digitales: en particular de niños y adolescentes. *Memorándum de Montevideo*. Instituto de Investigación para la Justicia (*IIJusticia*)-Instituto Federal de Acceso a la Información y Protección de Datos, 2009, proyecto apoyado por el Centro de Investigaciones para el Desarrollo (IDRC) y la Agencia Canadiense de Desarrollo Internacional (ACDI), México, 2011, página 267.
Memorándum disponible en electrónico en: https://www.gub.uy/unidad-reguladora-control-datos-personales/sites/unidad-reguladora-control-datos-personales/files/documentos/publicaciones/Descargar%2BMemor%C3%A1ndum%2Bde%2BMontevideo%2BRedes%2BSociales%2Ben%2Bla%2Bni%C3%B1ez%2By%2Bla%2Badolescencia.pdf

consideró oportuno abrir un breve paréntesis para referir a un caso reciente de la Comisión Europea.

Se trata del procedimiento incoado contra Meta, relacionado con la protección de las NNA en Facebook e Instagram,[63] por las siguientes razones que se retoman del propio comunicado de prensa de la Comisión Europea:

- El cumplimiento por parte de Meta de sus obligaciones en materia de evaluación y mitigación de los riesgos causados por el diseño de las interfaces en línea, de Facebook e Instagram, que podrían aprovechar las debilidades y la inexperiencia de las NNA y provocar comportamientos adictivos, o reforzar el denominado efecto madriguera del conejo.[64] Se considera que la evaluación es necesaria para contrarrestar los riesgos potenciales para el ejercicio del derecho fundamental al bienestar físico y mental de las NNA, así como al respeto de sus derechos.
- El cumplimiento por parte de Meta de los requisitos con relación a las medidas de mitigación para impedir el acceso de las NNA a contenidos inadecuados, en particular las herramientas de verificación de la edad utilizadas por Meta, que pueden no ser razonables, proporcionadas y eficaces.
- El cumplimiento por parte de Meta de las obligaciones para establecer medidas adecuadas y proporcionadas para garantizar un alto nivel de privacidad, seguridad y protección de las NNA, en particular en lo que respecta a la configuración de privacidad por defecto para las

---

63 Comisión Europea. Comunicado de prensa (16 de mayo de 2024) recuperado de: https://ec.europa.eu/commission/presscorner/detail/es/ip_24_2664

64 Para mayores detalles sobre ese efecto se puede consultar la siguiente nota. La verdad. *La madriguera del conejo,* https://www.laverdad.es/opinion/madriguera-conejo-20200623002544-ntvo.html?ref=https%3A%2F%2Fwww.laverdad.es%2Fopinion%2Fmadriguera-conejo-20200623002544-ntvo.html

NNA como parte del diseño y el funcionamiento de sus sistemas de recomendación.

Ahora corresponde a la Comisión realizar la investigación y allegarse de las pruebas para determinar si Meta incurrió en alguna infracción a la regulación.

Más allá de que en este caso se trate de Meta, que sin lugar a dudas es un jugador de gran peso específico en el mercado de servicios digitales a nivel global, el caso resulta del todo interesante para este estudio por el abordaje de la temática descrita.

En ese sentido, la existencia de regulación y autoridades enfocadas en prevenir, detectar y combatir el aprovechamiento de las debilidades y la inexperiencia de las NNA para provocar comportamientos adictivos, y así garantizar el derecho fundamental al bienestar físico y mental de las NNA, es una noticia destacable desde distintas perspectivas.

Para efectos de este documento, resulta relevante en tanto que permite ver un hecho, una realidad, que el diseño de las interfases en línea de las plataformas que las NNA utilizan, y que tienen un alcance global, son susceptibles de provocar efectos adictivos en las niñas y los niños, si para su diseño no se desarrolló una adecuada evaluación y mitigación de los riesgos.

Se trata de una auténtica prioridad, el prevenir y cuidar, cualquier situación que pueda poner en riesgo el bienestar físico y mental de niñas y niños. Una adicción podría traer consigo, incluso, consecuencias irreparables.

Con referencia a la relevancia de la niñez, el propio Reglamento establece que la protección de las NNA es un objetivo político importante de la Unión.[65]

---

65 Parlamento Europeo y Consejo. *REGLAMENTO (UE) 2022/2065 DEL PARLAMENTO EUROPEO Y DEL CONSEJO de 19 de octubre de 2022 relativo a un mercado único de servicios digitales y por el que se modifica la Directiva 2000/31/CE (Reglamento de Servicios Digitales),* considerando 71.

En ese sentido, es muy loable el valor institucional que se está atribuyendo a la protección de las NNA, la existencia de una regulación que aborda en particular esta importante problemática y, también, el involucramiento de una autoridad, del peso de la Comisión, para investigar, determinar y, en su caso, sancionar, para hacer efectivo este mandato del Reglamento que tiene tan alto valor social para proteger a las NNA.

5.6.2 Meta (Snapchat) en Estados Unidos de América

En los Estados Unidos de América existen demandas ante los tribunales, por lo que se hará referencia a un par de casos recientes.

En este caso contra Meta[66] una parte de los argumentos principales de la demanda refieren a un diseño de sus plataformas que resulta tan atractivo como dañino para sus usuarios NNA.

De acuerdo con la demanda,[67] el argumento se construye en torno a la regulación en materia de competencia (*California's Unfair Competition Law ("UCL"), Cal. Bus. & Prof. Code, §§17200, et seq.*), en líneas generales, conforme a lo siguiente:

1. Defecto de diseño. Quien vende cualquier producto en condiciones defectuosas, excesivamente peligrosas para el usuario, está sujeto a responsabilidad por daño físico causado;
2. Falta de advertencia. No existen advertencias acerca de que el uso previsible del producto puede alterar los patrones de sueño saludables ni advertencias específicas, a los padres, cuando el uso se da por parte de NNA y

---

66 Burnson, Robert y Nayak, Malathi (20 de enero de 2022). *Meta, Snap Sued Over Social Media 'Addicted' Girl's Suicide*, Bloomberg, recuperado de: https://www.bloomberg.com/news/articles/2022-01-21/meta-snap-sued-over-social-media-addicted-girl-s-suicide

67 TAMMY RODRÍGUEZ vs META PLATFORMS, INC., (20 de enero de 2022). Demanda recuperada de: https://socialmediavictims.org/wp-content/uploads/2022/01/Rodriguez-Complaint-FINAL-1_21_22.pdf

excede los niveles saludables u ocurre durante las horas de sueño.

3. Negligencia. Se diseñaron y comercializaron, intencionalmente, las plataformas para que fueran tan atractivas como dañinas para usuarios NNA. Los demandados fueron negligentes al no proporcionar advertencias adecuadas sobre los peligros asociados con su uso, así como al no evaluar, investigar y restringir, por completo, su uso por parte de adultos para explotar sexualmente a usuarios NNA.
4. Violaciones de la legislación de competencia. Los acusados se involucraron en prácticas comerciales fraudulentas y engañosas mediante la promoción de productos para usuarios NNA.

5.6.3 Tiktok

5.6.3.1 *Blackout challenge*

En un sentido similar al caso anterior, se acusa a TikTok por la comisión de prácticas desleales y engañosas a sabiendas de que creaban un riesgo sustancial de daño para quienes usaran su producto. Se le atribuye una responsabilidad por productos basados en un diseño defectuoso de redes sociales que hace que el mismo sea adictivo e inseguro para consumidores y usuarios NNA. La demanda basa su reclamo en la *California Consumer Legal Remedies Act, CAL. CIV. § 1750, et seq.).*[68]

---

[68] CHRISTINA ARLINGTON SMITH, HERIBERTO ARROYO Y CHRISTAL ARROYO vs TIKTOK INC. (junio de 2022). Demanda recuperada de: https://socialmediavictims.org/wp-content/uploads/2022/07/Complaint_File-TikTok-Smith-Arroyo-7_1_22.pdf

5.6.3.2 Departamento de Justicia de los Estados Unidos de América vs Tiktok

Se trata de la acción más reciente,[69] del Gobierno de los Estados Unidos de América contra Tiktok, en este caso,[70] por considerar que dicha empresa contravino la COPPA, al haber permitido que menores de 13 años crearan y utilizaran cuentas en esa plataforma, sin haber obtenido el consentimiento de sus padres o madres.

En ese sentido, entre los distintos aspectos,[71] por los que se demandó a Tiktok, conviene citar los siguientes:

- Permitir, por años, que millones de niñas y niños utilizaran su plataforma, en contravención de la COPPA.
- Mantener la recopilación de datos personales, incluidos datos para el envío de publicidad, sin que se notificara a su padre o madre ni se obtuviera su consentimiento.
- Construir puertas traseras para permitir eludir la barrera de edad destinada a filtrar a los menores de 13 años. Se señala que, mediante el uso de credenciales de servicios de terceros, las niñas y niños podían crear cuentas sin necesidad de añadir su edad o de obtener el consentimiento de sus padres. Estas cuentas se clasificaban como de "edad desconocida".
- Recopilar categorías de datos en exceso para crear perfiles sin notificar a padres o madres sobre el alcance total de estos tratamientos.

---

69 Actuación desarrollada a inicios de agosto de 2024.

70 UNITED STATES OF AMERICA vs BYTEDANCE LTD. (02 de agosto de 2024). Demanda recuperada de: https://www.ftc.gov/system/files/ftc_gov/pdf/bytedance_complaint.pdf

71 FTC (02 de agosto de 2024). Comunicado de prensa recuperado de: https://www.ftc.gov/news-events/news/press-releases/2024/08/ftc-investigation-leads-lawsuit-against-tiktok-bytedance-flagrantly-violating-childrens-privacy-law

- Obstaculizar a padres y madres el solicitar la eliminación de cuentas, así como el incumplimiento frecuente de esas solicitudes.

Se trata de un caso muy reciente al que habrá que dar seguimiento para conocer las consecuencias que el caso podría traer, no solamente en lo que refiere a Tiktok, de acreditarse alguna de las conductas señaladas, también será del mayor interés por el precedente que se pudiera establecer para el resto de la industria.

6. Legislación de datos personales en Latinoamérica y el Caribe

Para completar la visión normativa, el mapa a nivel regional, en este apartado se da cuenta de la legislación de datos personales sobre NNA y consentimiento, en Hispanoamérica y el Caribe.

Se describe si se reconoce una edad inferior, a la mayoría de edad, y los alcances de ese consentimiento.

La revisión se enfocó, exclusivamente, en los contenidos reflejados en leyes, en sentido formal y material, de datos personales y la de privacidad en Chile que es donde se encuentran reflejados los temas de datos personales. Esa elección exclusivamente de leyes se hizo en congruencia con la revisión realizada para México.

Con el objetivo de tener una visión más amplia, se hace referencia a proyectos de modernización de leyes de Argentina, Costa Rica, Chile y México, todos, pendientes de concluir sus procesos de aprobación.

6.1 LEGISLACIÓN VIGENTE

Países con legislación de datos personales o privacidad					
Argentina[72]	**Belice**[73]	**Chile**[74]	**Ecuador**[75]	**Nicaragua**[76]	**República Dominicana**[77]
Bahamas[78]	**Brasil**[78]	**Costa Rica**[79]	**Jamaica**[80]	**Panamá**[81]	**Trinidad & Tobago**[82]

---

72 CONGRESO DE LA NACIÓN ARGENTINA. *PROTECCIÓN DE LOS DATOS PERSONALES Ley 25.326*, recuperada de: https://www.argentina.gob.ar/normativa/nacional/ley-25326-64790/actualizacion

73 National Assembly, DATA PROTECTION ACT, 2021, recuperada de: https://www.nationalassembly.gov.bz/wp-content/uploads/2021/12/Act-No-45-of-2021-Data-Protection-Act.pdf

74 Congreso Nacional. *Ley 19628 SOBRE PROTECCIÓN DE LA VIDA PRIVADA*, recuperada de: https://www.bcn.cl/leychile/navegar?idNorma=141599&idVersion=2023-05-09&idParte=

75 ASAMBLEA NACIONAL. *LEY ORGÁNICA DE PROTECCIÓN DE DATOS PERSONALES*, recupetada de: https://www.finanzaspopulares.gob.ec/wp-content/uploads/2021/07/ley_organica_de_proteccion_de_datos_personales.pdf
(Referencia en el contexto del "Derecho de niñas, niños y adolescentes a no ser objeto de una decisión basada única o parcialmente en valoraciones automatizadas").

76 ASAMBLEA NACIONAL. LEY DE PROTECCIÓN DE DATOS PERSONALES,
LEY N°. 787, recuperada de: http://legislacion.asamblea.gob.ni/normaweb.nsf/9e314815a08d4a6206257265005d21f9/e5d37e9b4827fc06062579ed0076ce1d

77 CONGRESO NACIONAL. *Ley No. 172-13 que tiene por objeto la protección integral de los datos personales asentados en archivos, registros públicos, bancos de datos u otros medios técnicos de tratamiento de datos destinados a dar informes, sean estos públicos o privados. G. O. No. 10737 del 15 de diciembre de 2013*, recuperada de.: https://www.sb.gob.do/media/4i1ploou/ley17213.pdf
La Ley No. 172-13 prevé que "El tratamiento de datos de los menores de edad estará normado por las disposiciones establecidas en el Código para la Protección de los Derechos de los Niños, Niñas y Adolescentes, el Código Penal y otras leyes especiales."

78 Parliament. *CHAPTER 324A DATA PROTECTION*, recuperada de: https://laws.bahamas.gov.bs/cms/images/LEGISLATION/PRINCIPAL/2003/2003-0003/2003-0003_1.pdf

Países con legislación de datos personales o privacidad					
Barbados[84]	**Cuba**[85]	**Colombia**[86]	**México**[87]	**Perú**[88]	**Uruguay**[88]

79 Congresso Nacional. *Lei Geral de Proteção de Dados Pessoais*, recuperada de: https://www.planalto.gov.br/ccivil_03/_ato2015-2018/2018/lei/L13709compilado.htm

80 ASAMBLEA LEGISLATIVA. *Ley de Protección de la Persona frente al tratamiento de sus datos personales Nº 8968*, recuperada de: http://www.pgrweb.go.cr/scij/Busqueda/Normativa/Normas/nrm_texto_completo.aspx?param1=NRTC&nValor1=1&nValor2=70975&nValor3=85989&strTipM=TC

81 Parliament. *Data Protection Act*, recuperada de: https://www.japarliament.gov.jm/attachments/article/341/The%20Data%20Protection%20Act,%202020%20No.%207.pdf

La *Data Protection Act* establece que el ejercicio de sus derechos será vía padre, madre o representante y, en todo caso, por el propio menor en la hipótesis de que otra ley así lo permita.

82 ASAMBLEA NACIONAL. *Ley N° 81 SOBRE PROTECCIÓN DE DATOS PERSONALES*, recuperada de: https://www.gacetaoficial.gob.pa/pdfTemp/28743_A/GacetaNo_28743a_20190329.pdf

83 Parliament. *Act No. 13 of 2011 AN ACT to provide for the protection of personal privacy and information*, recuperada de: https://www.ttparliament.org/wp-content/uploads/2011/06/a2011_13g.pdf

84 Parliament. *Data Protection Act, 2019*, recuperada de: https://www.barbadosparliament.com/uploads/bill_resolution/7b81b59260896178b5aa976fdb87bfee.pdf.

85 ASAMBLEA NACIONAL DEL PODER POPULAR. *LEY No. 149 DE PROTECCIÓN DE DATOS PERSONALES*, recuperada de: https://www.gacetaoficial.gob.cu/sites/default/files/goc-2022-o90_0.pdf

86 CONGRESO DE LA REPÚBLICA. *LEY ESTATUTARIA 1581 DE 2012 por la cual se dictan disposiciones generales para la protección de datos personales*, recuperada de: http://www.secretariasenado.gov.co/senado/basedoc/ley_1581_2012.html

87 Congreso de la Unión. *Ley Federal de Protección de Datos Pertsonales en Posesión de los Particulares y Ley General de Protección de Datos Personales en Posesión de Sujetos Obligados*, recuperadas, respectivamente, de: https://www.diputados.gob.mx/LeyesBiblio/pdf/LFPDPPP.pdf
https://www.diputados.gob.mx/LeyesBiblio/pdf/LGPDPPSO.pdf

88 CONGRESO DE LA REPÚBLICA. *LEY DE PROTECCIÓN DE DATOS PERSONALES, Ley No. 29733*, recuperada de: https://cdn.www.gob.pe/uploads/document/file/272360/Ley%20N%C2%BA%2029733.pdf.pdf?v=1618338779

Entre los 18 países con legislación, en 15 no se habilita a las NNA para otorgar directamente su consentimiento mientras que en 3 (**subrayados**) sí.

Han sido más de 2 décadas de tradición legislativa en datos personales en la región y fue, hasta 2021, con Belice y Ecuador, que apareció, en una ley, la posibilidad de que una NNA otorgue su consentimiento.

En 2 de los 3 casos que sí admiten la posibilidad (Belice y Ecuador) se establece una edad específica, 13 y 15 años, respectivamente, a partir de la cual es factible el otorgamiento del consentimiento.

El tercer caso, Cuba, señala que el consentimiento de las NNA se otorga por ellos de acuerdo con su autonomía progresiva, o por sus padres, madres o representantes legales.

No se utiliza como parámetro la edad sino su grado de autonomía. En la ley no se reflejan mayores referencias sobre el esquema de funcionamiento de la autonomía progresiva para su implementación.

6.2 PROYECTOS DE MODERNIZACIÓN

Existen algunos proyectos de modernización, todos son recientes, en el sentido de que en cada uno ha habido actividad este 2024 o en el 2023.

La Ley 29733 de protección de datos personales establece que "Mediante reglamento se dictan medidas especiales para el tratamiento de los datos personales de los niños y de los adolescentes, así como para la protección y garantía de sus derechos. Para el ejercicio de los derechos que esta Ley reconoce, los niños y los adolescentes actúan a través de sus representantes legales, pudiendo el reglamento determinar las excepciones aplicables, de ser el caso, teniendo en cuenta para ello el interés superior del niño y del adolescente".

89 Asamblea General. *LEY DE PROTECCIÓN DE DATOS PERSONALES, Ley No. 18331*, recuperada de: https://www.impo.com.uy/bases/leyes/18331-2008

Con este apartado no se intentó hacer el reflejo de una revisión exhaustiva, se eligieron estos 4 casos para destacar el cambio de visión con relación a las NNA.

A reserva de ver si se concretan estos proyectos, resulta interesante para este estudio el ver como se empieza a generar una tendencia en Latinoamérica, al menos al nivel proyectos de ley.

6.2.1 Argentina

El proyecto de modernización de la Ley de Protección de los Datos Personales 25.326, impulsado por la Agencia de Acceso a la Información Pública,[90] establece que "es válido el consentimiento de menor o adolescente cuando se aplica al tratamiento de datos vinculados a la utilización de servicios de la sociedad de la información específicamente diseñados o aptos para ellos. En estos casos, el consentimiento es válido si el menor de edad tiene como mínimo TRECE (13) años.[91]"

6.2.2 Costa Rica

En el proyecto[92] de modernización de la ley N.° 8968, se establece que "El tratamiento de los datos personales de un menor de edad únicamente podrá fundarse en su

---

90 La Agencia de Acceso a la Información Pública es la autoridad a cargo de la protección de los datos personales en Argentina que, de manera dual, es competente en materia de acceso a la información. Una breve referencia a la hoja de ruta del proyecto se puede consultar en la Agencia de Acceso a la Información Pública. *Proyecto de Ley de Protección de Datos Personales*, recuperado de https://www.argentina.gob.ar/aaip/datospersonales/proyecto-ley-datos-personales

91 Agencia de Acceso a la Información Pública. *Proyecto de Ley de Protección de Datos Personales*, recuperado de: https://www.argentina.gob.ar/sites/default/files/proyecto_de_ley_de_proteccion_de_datos_personales_-_febrero_2023.pdf

92 Eliecer Feinzaig Mintz y otros diputados. *Proyecto de Ley, Ley de Protección de Datos Personales, expediente número 23097*, recupedado de: https://proyectos.conare.ac.cr/asamblea/23097%20TEXTO%20BASE.pdf

consentimiento cuando sea mayor de quince años. Se exceptúan los supuestos en que la ley exija la asistencia de los titulares de la patria potestad o tutela para la celebración del acto o negocio jurídico en cuyo contexto se recaba el consentimiento para el tratamiento."

6.2.3 Chile

En el proyecto[93] de Ley para la modernización de la Ley 19628, se indica que:

- Los datos personales de los adolescentes se podrán tratar de acuerdo a las normas de autorización previstas para los adultos.
- Se consideran niños o niñas a los menores de catorce años, y adolescentes, a los mayores de catorce y menores de dieciocho años.
- Tratándose de datos personales sensibles de adolescentes, menores de 16 años, únicamente es posible tratarlos si se

---

De acuerdo con la información localizada, públicamente, se presentaron una serie de mociones (Diputados y diputadas de la Asamblea Legislativa. Moción vía el artículo 137, expediente 23.097, Ley de Protección de Datos Personales, al proyecto de referencia, entre los meses de agosto y septiembre de 2023, recuperado de: https://proyectos.conare.ac.cr/asamblea/23097%20Mociones%20segundo%20d%C3%ADa%20 4-9-2023.pdf) de las que no se desprende que haya alguna relacionada con el artículo 17 del proyecto de ley, que es el que establece la regla en torno al consentimiento de adolescentes.

93 Senado, Proyecto de ley, regula la protección y el tratamiento de los datos personales y crea la Agencia de Protección de Datos Personales, recuperada de: https://www.camara.cl/legislacion/ProyectosDeLey/tramitacion.aspx?prmID=11661&prmBOLETIN=11144-07

Al respecto, el texto utilizado como referencia es el correspondiente al proyecto registrado con fecha de ingreso 15 de marzo de 2017. No fue posible localizar una versión oficial (al 13 de agosto de 2024) que diera cuenta de forma sistematizada de los trabajos realizados desde su presentación. En cualquier caso, lo destacable, para efectos de este libro, es mostrar esa visión diferenciada entre las leyes de primera generación, en datos personales/privacidad, y su versión modernizada.

cuenta con el consentimiento otorgado por sus padres o representantes legales o quien tenga a su cargo el cuidado personal de las NNA, salvo que expresamente lo autorice o mandate la ley.

6.2.4 México

La iniciativa con proyecto de decreto por el que se reforman, adicionan y derogan una serie de disposiciones de la Ley Federal de Protección de Datos Personales en Posesión de los Particulares, en el artículo 8 Bis,[94] se establece lo siguiente:

- En la oferta directa de servicios de la sociedad de la información, dirigida a NNA, es posible obtener su consentimiento siempre que dicho NNA tenga como mínimo 16 años.

Esta disposición en materia de datos personales no modifica las disposiciones generales en materia contractual relacionados con una NNA.

Si bien se trata de una iniciativa, se considera de interés dejar anotado un aspecto para su reflexión, teniendo en mente que, en la Ley General de los Derechos de Niñas, Niños y Adolescentes, se considera adolescentes a las niñas y niños entre 12 años cumplidos y menos de 18 años de edad, sería muy valioso abrir una amplia reflexión sobre cuál es el umbral mínimo que debería establecerse en el ámbito de la protección de los datos personales, para hacer de dicha normativa algo armónico y funcional.

---

94 Cámara de Diputados. *Iniciativa con proyecto de decreto por el que se reforman diversas disposiciones de la Ley Federal de Protección de Datos Personales en Posesión de los Particulares*, recuperada de: https://gaceta.diputados.gob.mx/PDF/65/2023/ago/20230811-I.pdf#page=165

7. Reflexión sobre el caso mexicano y propuesta

Después de revisar el panorama constitucional y legal, en México, quedó demostrado que es válido crear esquemas de excepción, a la regla general del Código Civil Federal, para permitir que las NNA actúen en el mundo jurídico, sin necesidad de hacerlo a través de un representante, siempre que exista una justificación que le dé razón de ser.

Siguiendo la génesis del tema en los referentes internacionales utilizados para este análisis, desde la Convención se describen una serie de distinciones expresas para atribuir a ciertos grupos de NNA, usualmente adolescentes, aunque no los refiere bajo esa categoría, para permitirles trabajar, conforme a ciertas condiciones, o bien, para establecer el tipo de medidas que se pueden imponer a las NNA relacionados con la comisión de delitos, en función de su edad.

En el tránsito entre la Convención y el RGPD (aproximadamente 27 años), con la salvedad hecha de COPPA, se observa cómo no existía esa claridad que hoy sí se tiene a nivel normativo, al menos entre los principales referentes globales, sobre la necesidad de construir esquemas regulatorios adecuados para las NNA, en el contexto de la era digital.

El desarrollo tecnológico evoluciona incesantemente y, tal vez en esa evolución, se puede explicar la razón para ver con mayor claridad la necesidad de diseñar esquemas especiales para las NNA que, por una parte, los proteja y, por la otra, les permita su libre desarrollo.

En ese sentido, las capacidades de la tecnología para ofrecer bienes o servicios, así como para hacer más atractiva esa oferta y propiciar su consumo, no son las que se tenían hace una década o dos. Hoy más que nunca, la Inteligencia Artificial está imbuida en el diseño, desarrollo y lanzamiento de productos digitales, sin que se cuente aún con suficiente evidencia de sus alcances positivos o negativos.

La humanidad está en un punto donde la tecnología y sus desarrollos podrían ser parte de la lista de "productos de primera necesidad" y, de no ser así, estar muy cerca de lograrlo.

Elegir vivir en un estado de desconexión digital no es una opción realista ya que tornaría altamente compleja la vida por la cantidad de limitaciones y condicionantes a padecer, limitaciones y condicionantes vinculadas a temas fundamentales, como el ejercicio de derechos, la educación, o el acceso a servicios y trámites indispensables, por ejemplo.

Esta sociedad lleva tiempo inmersa en un proceso de transformación digital donde todo lleva a un lugar, el mundo digital.

En esa construcción, el de una sociedad inmersa por completo en plena era digital, la generación de mecanismos de protección para las niñas, niños y adolescentes no están a debate o, al menos, no debería estarlo, la necesidad de protegerlos está allí viva, patente y vigente, en realidad la pregunta es, cuál es la forma más efectiva de atender ese pendiente.

Las capacidades de la tecnología para incidir en la vida de las personas son enormes y su potencial de crecimiento es incalculable. Las niñas, niños y adolescentes son parte de las poblaciones vulnerables que requieren de trabajo especializado y permanente para, por una parte, evitar o mitigar esos efectos no deseados del desarrollo tecnológico y, por la otra, dotarlos de herramientas idóneas para lograr un libre desarrollo de su personalidad.

El derecho a la protección de los datos personales es una herramienta idónea para proteger a niñas, niños y adolescentes, ya que, su fin último, es lograr el libre desarrollo de las personas. Libre desarrollo que se alcanza mediante el poder de disposición que toda persona posee respecto de su información personal.

La legislación de datos personales, en su carácter de expresión normativa de ese derecho, permite establecer las reglas conforme a las cuales se articula en cada país.

En lo que refiere a datos personales, en la legislación, México podría contribuir de forma determinante, a favor de las niñas, niños y adolescentes, con una reforma que permita a los adolescentes consentir directamente sobre el tratamiento de sus datos personales en el contexto de la oferta de servicios en línea. Dotarlos de capacidad de agencia para tomar decisiones y ser los arquitectos de su navegación y comprensión del mundo, acompañados de una adecuada alfabetización digital. Esto como primera medida.

Un complemento esencial de esa reforma en torno a la edad, para lograr una construcción integral, sería la regulación del deber de los prestadores de servicios intermediarios o de plataformas en línea, dirigidos principalmente a menores o utilizados predominantemente por NNA, para que sus diseños estén provistos con:

1. Medidas adecuadas y proporcionadas para garantizar un elevado nivel de privacidad, seguridad y protección de las NNA.
2. Medidas específicas para proteger los derechos de las NNA.
3. Herramientas de comprobación de la edad y de control parental.
4. Herramientas destinadas a ayudar a las NNA a señalar abusos u obtener ayuda, incluyendo la posibilidad de denuncia directa ante autoridades competentes cuando se han conculcado sus derechos.

En ese sentido, la realización de evaluaciones de riesgos para los derechos de niñas, niños y adolescentes sería clave para evitar exponerlos a contenidos que puedan perjudicar su salud y su desarrollo físico, mental y moral.

Con relación a las herramientas de comprobación de la edad, el trabajo de la AEPD, descrito anteriormente, podría ser un referente valioso debido al conjunto de cualidades con las que, según refiere la propia Agencia, fue diseñado.

En todo caso, entre los componentes de este proyecto de la AEPD, conviene destacar el Decálogo de principios para la verificación de la edad.[95] Allí se describen las condiciones mínimas a cumplir para establecer sistemas idóneos que generen confianza y protejan el interés superior del menor y los derechos fundamentales de todos los ciudadanos.

---

95 Agencia Española de Protección de Datos. *Decálogo de principios. Verificación de edad y protección de personas menores de edad ante contenidos inadecuados,* recuperado de: Decálogo de principios para la verificación de edad y protección de personas menores de edad ante contenidos para adultos en Internet

Conclusiones

Las NNA representan un grupo vulnerable de gran relevancia, no solamente desde la visión jurídica o social, también deberían serlo desde la óptica política, para los Estados y la comunidad internacional, para hacer de ellos una prioridad real, así como para la construcción de soluciones globales, como las que requiere todo tema vinculado a la tecnología y sus desarrollos.

México, y buena parte de Hispanoamérica, siguen inmersos en la tradición jurídica general, de no distinguir entre los menores de 18 años para el otorgamiento de su consentimiento, para que sus datos personales sean tratados, en el contexto de la oferta de servicios digitales.

No obstante que las leyes vigentes de datos personales siguen, mayoritariamente, sin una regla como la descrita, entre los proyectos de modernización de la región se advierte la existencia de un impulso favorable a esta visión.

En atención a la Convención, la Constitución mexicana y a los distintos referentes legales abordados, en México, distinguir entre niñas y niños con relación a los adolescentes, sería factible jurídicamente, en tanto que, históricamente, es un esquema que se ha adoptado para la atención de situaciones particulares, como los casos de justicia, trabajo y salud.

El derecho comparado da una visión clara sobre el tema en particular, admitiendo la posibilidad de distinguir a NNA, en función de su grado de madurez, y, a partir de allí, reconocer un conjunto de prerrogativas tendentes a robustecer el espacio de acción de los adolescentes, con miras a favorecer el libre desarrollo de su personalidad.

No sólo permite a los adolescentes actuar de forma directa con agencia propia, sin necesidad de un adulto, si no que construye todo un ecosistema favorable a los NNA en general, donde se propicia el diseño de productos idóneos para ellos.

El consumo de productos y servicios digitales, por parte de NNA, es una realidad, la tecnología es capaz de generar beneficios incalculables para la humanidad y, justo en ese punto hay un reto del mayor interés, cómo hacer de la tecnología un espacio seguro, adecuado, idóneo y equilibrado para los intereses de las personas, especialmente para un colectivo vulnerable como las NNA.

La posibilidad de que se explote, de manera voluntaria o involuntaria, las debilidades y la inexperiencia de NNA o, incluso, para generar un comportamiento adictivo, es real, como también los son las serias afectaciones, en algunos casos irreversibles y/o irreparables, en la salud física y/o mental de los menores, que se pueden provocar.

Debido a la complejidad del tema, requiere de una participación de todos los actores, empezando por el propio colectivo de NNA para conocer su visión y preocupaciones. La propia industria y la sociedad son clave, su involucramiento y compromiso puede hacer una diferencia importante en términos de la consecución de logros sustanciales. Uno de los actores de mayor protagonismo en este compromiso común son los Estados y los organismos internacionales, ya que a ellos les corresponde hacer que la construcción, y sostenimiento en el tiempo, hagan del tema una prioridad política atemporal en sus agendas.

El tema es complejo no solamente desde la perspectiva de los actores involucrados, lo es también desde los múltiples ángulos desde los que debería abordarse para adoptar una solución integral.

Siendo conscientes de la amplitud de las soluciones por las que pasa un abordaje integral de este tema, y habiendo delimitado desde un inicio los alcances de este análisis, al espacio legislativo de la protección de los datos personales, se considera improrrogable el trabajo en foros y espacios de reflexión en todo el país, para el diseño de una propuesta moderna y funcional que dé respuestas funcionales a NNA en su convivencia con los servicios digitales.

Si bien se advierte factible construir un esquema similar al de los referentes de derecho comparado consultados, distinguiendo a las NNA en razón de su grado de madurez para efectos de permitir que los adolescentes estén en posibilidades de otorgar su consentimiento, para el tratamiento de sus datos, en el contexto de la prestación de servicios digitales, en los foros de reflexión se podría construir un diálogo nacional para:

1. Valorar la pertinencia misma de abordar el tema utilizando este esquema normativo de distinción entre menores en razón de su grado de madurez.
2. En caso de considerar oportuno ese esquema, qué edad sería el punto de partida para la actuación directa de los adolescentes.
3. ¿Qué alcances se atribuiría a ese actuar de los adolescentes? ¿únicamente para otorgar su consentimiento para el tratamiento de sus datos en el ámbito de servicios digitales? ¿se ampliaría a otros espacios como el ejercicio de derechos?
4. ¿Qué obligaciones tendrían los servicios digitales, marcadamente en lo relativo al diseño de videojuegos, metaversos, plataformas, dispositivos, aplicaciones y televisiones inteligentes? (evaluaciones de riesgos para los derechos de NNA, diseño por defecto de servicios idóneos acorde a su nivel de madurez, transparencia en el uso de Inteligencia Artificial para la generación de anuncios en metaversos, así como de los productores del hardware para conocer qué datos de NNA recaban sus sensores y sus finalidades, entre otros).
5. ¿Esas obligaciones de los servicios digitales serían propias de la legislación de datos personales o se trata de temas propios de regulaciones en materia de servicios y mercados digitales?
6. ¿Esto subraya la necesidad de que México cuente con normativa vinculante en materia de derechos digitales?

7. ¿Debería ser una obligación de los concesionarios de telefonía móvil que, por defecto, los equipos de telefonía destinados a NNA, no contengan aplicaciones precargadas destinadas al público adulto, derivadas de sus planes de vídeo y datos entre los concesionarios y las plataformas?
8. Plantearse la posibilidad de exigir a la industria, la inclusión de mecanismos para evitar la adicción, con mecanismos tipo “take a break” en el diseño de plataformas con alcance global desde su lanzamiento y no por mercados relevantes.
9. Regulación para anunciantes que dirijan su publicidad a NNA, teniendo en cuenta su grado de madurez y evitando prácticas que exploten sus vulnerabilidades derivadas de su desarrollo cognitivo y emocional. Un caso actual es la posibilidad de utilizar Inteligencia Artificial para potenciar la atracción/adicción a un producto digital.

Fuentes consultadas

Agencia de Acceso a la Información Pública. *Proyecto de Ley de Protección de Datos Personales*, recuperado de: https://www.argentina.gob.ar/aaip/datospersonales/proyecto-ley-datos-personales

Agencia de Acceso a la Información Pública. *Proyecto de Ley de Protección de Datos Personales*, recuperado de: https://www.argentina.gob.ar/sites/default/files/proyecto_de_ley_de_proteccion_de_datos_personales_-_febrero_2023.pdf

Agencia Española de Protección de Datos. Comunicado de prensa (14 de diciembre de 2023), recuperado de: https://www.aepd.es/prensa-y-comunicacion/notas-de-prensa/aepd-presenta-sistema-verificacion-edad-para-proteger-a-menores-de-edad

Agencia Española de Protección de Datos. *Decálogo de principios. Verificación de edad y protección de personas menores de edad ante contenidos inadecuados*, recuperado de: Decálogo de principios para la verificación de edad y protección de personas menores de edad ante contenidos para adultos en Internet

Asamblea General. LEY DE PROTECCIÓN DE DATOS PERSONALES, Ley No. 18331, recuperada de: https://www.impo.com.uy/bases/leyes/18331-2008

ASAMBLEA LEGISLATIVA. *Ley de Protección de la Persona frente al tratamiento de sus datos personales N° 8968*, recuperada de: http://www.pgrweb.go.cr/scij/Busqueda/Normativa/Normas/nrm_texto_completo.aspx?param1=NRTC&nValor1=1&nValor2=70975&nValor3=85989&strTipM=TC

ASAMBLEA NACIONAL. LEY DE PROTECCIÓN DE DATOS PERSONALES, LEY N°. 787, recuperada de: http://legislacion.asamblea.gob.ni/normaweb.nsf/9e314815a08d4a6206257265005d21f9/e5d37e9b4827fc06062579ed0076ce1d

ASAMBLEA NACIONAL. *Ley N° 81 SOBRE PROTECCIÓN DE DATOS PERSONALES*, recuperada de: https://www.gacetaoficial.gob.pa/pdfTemp/28743_A/GacetaNo_28743a_20190329.pdf

ASAMBLEA NACIONAL. LEY ORGÁNICA DE PROTECCIÓN DE DATOS PERSONALES, recupetada de: https://www.finanzaspopulares.gob.ec/wp-content/uploads/2021/07/ley_organica_de_proteccion_de_datos_personales.pdf

ASAMBLEA NACIONAL DEL PODER POPULAR. *LEY No. 149 DE PROTECCIÓN DE DATOS PERSONALES*, recuperada de: https://www.gacetaoficial.gob.cu/sites/default/files/goc-2022-o90_0.pdf

Burnson, Robert y Nayak, Malathi (20 de enero de 2022). *Meta, Snap Sued Over Social Media 'Addicted' Girl's Suicide*, Bloomberg, recuperado de:

https://www.bloomberg.com/news/articles/2022-01-21/meta-snap-sued-over-social-media-addicted-girl-s-suicide

Cámara de Diputados. *Iniciativa con proyecto de decreto por el que se reforman diversas disposiciones de la Ley Federal de Protección de Datos Personales en Posesión de los Particulares,* recuperada de: https://gaceta.diputados.gob.mx/PDF/65/2023/ago/20230811-I.pdf#page=165

CHRISTINA ARLINGTON SMITH, HERIBERTO ARROYO Y CHRISTAL ARROYO vs TIKTOK INC. (junio de 2022). La información fue obtenida de la dDemanda recuperada de publicada en: https://socialmediavictims.org/wp-content/uploads/2022/07/Complaint_File-TikTok-Smith-Arroyo-7_1_22.pdf

Comisión de comercio, ciencia y transporte del Senado de los Estados Unidos de América (30 de julio de 2024), comunicado de prensa, recuperado de: https://www.commerce.senate.gov/2024/7/senate-overwhelmingly-passes-children-s-online-privacy-legislation

Comisión Europea. Comunicado de prensa (16 de mayo de 2024) recuperado de: https://ec.europa.eu/commission/presscorner/detail/es/ip_24_2664

Código Civil de Méjico, recuperado de: https://www.cervantesvirtual.com/research/codigo-civil-de-mexico/db0ca7d0-280a-4bd3-8cbe-561769fd67a8.pdf

Congreso de los Estados Unidos de América. *Children's Online Privacy Protection Act,* recuperado de: https://uscode.house.gov/view.xhtml?path=/prelim@title15/chapter91&edition=prelim

CONGRESO DE LA NACIÓN ARGENTINA. *PROTECCIÓN DE LOS DATOS PERSONALES Ley 25.326,* recuperada de https://www.argentina.gob.ar/normativa/nacional/ley-25326-64790/actualizacion

Congresso Nacional. *Lei Geral de Proteção de Dados Pessoais,* recuperada de: https://www.planalto.gov.br/ccivil_03/_ato2015-2018/2018/lei/L13709compilado.htm

Congreso de la Unión. *Ley General de los Derechos de Niñas, Niños y Adolescentes,* recuperada de: https://www.diputados.gob.mx/LeyesBiblio/pdf/LGDNNA.pdf

Congreso de la Unión. *Código Civil Federal* recuperado de: https://www.diputados.gob.mx/LeyesBiblio/pdf/CCF.pdf

Congreso de la Unión, *Ley Federal del Trabajo,* recuperada de: https://www.diputados.gob.mx/LeyesBiblio/pdf/LFT.pdf

Congreso de la Unión. *Ley General de Salud,* recuperada de: https://www.diputados.gob.mx/LeyesBiblio/pdf/LGS.pdf

Congreso de la Unión. *Constitución Política de los Estados Unidos Mexicanos,* recuperada de: https://www.diputados.gob.mx/LeyesBiblio/pdf/CPEUM.pdf

Congreso de la Unión. Ley Federal de Protección de Datos Personales en Posesión de los Particulares, recuperada de: https://www.diputados.gob.mx/LeyesBiblio/pdf/LFPDPPP.pdf

Congreso de la Unión. *Ley General de Protección de Datos Personales en Posesión de Sujetos Obligados*, recuperada de: https://www.diputados.gob.mx/LeyesBiblio/pdf/LGPDPPSO.pdf

CONGRESO NACIONAL. Ley No. 172-13 que tiene por objeto la protección integral de los datos personales asentados en archivos, registros públicos, bancos de datos u otros medios técnicos de tratamiento de datos destinados a dar informes, sean estos públicos o privados. G. O. No. 10737 del 15 de diciembre de 2013, recuperada de: https://www.sb.gob.do/media/4i1ploou/ley17213.pdf

CONGRESO DE LA REPÚBLICA. LEY DE PROTECCIÓN DE DATOS PERSONALES, Ley No. 29733, recuperada de: https://cdn.www.gob.pe/uploads/document/file/272360/Ley%20N%C2%BA%2029733.pdf.pdf?v=1618338779

CONGRESO DE LA REPÚBLICA. *LEY ESTATUTARIA 1581 DE 2012 por la cual se dictan disposiciones generales para la protección de datos personales*, recuperada de: http://www.secretariasenado.gov.co/senado/basedoc/ley_1581_2012.html

Diputados y diputadas de la Asamblea Legislativa. *Moción vía el artículo 137, expediente 23.097, Ley de Protección de Datos Personales*, al proyecto de referencia, entre los meses de agosto y septiembre de 2023, recuperado de: https://proyectos.conare.ac.cr/asamblea/23097%20Mociones%20segundo%20d%C3%ADa%204-9-2023.pdf

Eliecer Feinzaig Mintz y otros diputados. *Proyecto de Ley, Ley de Protección de Datos Personales, expediente número 23097*, promovido por Eliecer Feinzaig Mintz y otros diputadosrecupedado de: https://proyectos.conare.ac.cr/asamblea/23097%20TEXTO%20BASE.pdf

Fondo de las Naciones Unidas para la Infancia (UNICEF). *Estado mundial de la infancia 2017. Niños en un mundo digital*, recuperado de: https://www.unicef.org/media/48611/file#:~:text=Las%20tecnolog%C3%ADas%20digitales%20brindan%20oportunidades,y%20pueden%20ayudarles%20a%20resolverlos.

FTC (02 de agosto de 2024). Comunicado de prensa recuperado de: https://www.ftc.gov/news-events/news/press-releases/2024/08/ftc-investigation-leads-lawsuit-against-tiktok-bytedance-flagrantly-violating-childrens-privacy-law

Gregorio, Carlos G.-Ornelas, Lina, compiladores. *Protección de datos personales en las Redes Sociales Digitales: en particular de niños y adolescentes. Memorándum de Montevideo.* Instituto de Investigación para la Justicia (IIJusticia)-Instituto Federal de Acceso a la Información y Protección de Datos, 2009, proyecto apoyado por el Centro de Investigaciones para el Desarrollo (IDRC) y la Agencia Canadiense de Desarrollo Internacional (ACDI), México, 2011.

Instituto Federal de Telecomunicaciones (México). *Encuesta Nacional de Consumo de Contenidos Audiovisuales,* recuperado de: https://somosaudiencias.ift.org.mx/archivos/01reportefinalencca2023_vp.pdf

MAYER-SCHÖNBERGER, VIKTOR Y CUKIER, KENNETH. *Big data. La revolución de los datos masivos,* editorial Océano, México, 2013.

National Assembly, *DATA PROTECTION ACT, 2021,* recuperada de: https://www.nationalassembly.gov.bz/wp-content/uploads/2021/12/Act-No-45-of-2021-Data-Protection-Act.pdf

Congreso Nacional. *Ley 19628 SOBRE PROTECCIÓN DE LA VIDA PRIVADA,* recuperada de: https://www.bcn.cl/leychile/navegar?idNorma=141599&idVersion=2023-05-09&idParte=

Office of the Surgeon General. *Social Media and Youth Mental Health 2023,* recuperado de: https://www.hhs.gov/sites/default/files/sg-youth-mental-health-social-media-advisory.pdf

Organización de las Naciones Unidas. *Convención sobre los Derechos del Niño,* 20 de noviembre de 1989, recuperado de: https://www.un.org/es/events/childrenday/pdf/derechos.pdf

Parlamento Europeo y Consejo. REGLAMENTO (UE) 2016/679 DEL PARLAMENTO EUROPEO Y DEL CONSEJO de 27 de abril de 2016 relativo a la protección de las personas físicas en lo que respecta al tratamiento de datos personales y a la libre circulación de estos datos y por el que se deroga la Directiva 95/46/CE (Reglamento general de protección de datos), recuperado de: https://www.boe.es/doue/2016/119/L00001-00088.pdf

Parlamento Europeo y Consejo. REGLAMENTO (UE) 2022/2065 DEL PARLAMENTO EUROPEO Y DEL CONSEJO de 19 de octubre de 2022 relativo a un mercado único de servicios digitales y por el que se modifica la Directiva 2000/31/CE (Reglamento de Servicios Digitales), recuperado de: https://eur-lex.europa.eu/legal-content/ES/TXT/PDF/?uri=CELEX:32022R2065

Parliament. *Act No. 13 of 2011 AN ACT to provide for the protection of personal privacy and information,* recuperada de: https://www.ttparliament.org/wp-content/uploads/2011/06/a2011_13g.pdf

Parliament. *CHAPTER 324A DATA PROTECTION,* recuperada de: https://laws.bahamas.gov.bs/cms/images/LEGISLATION/PRINCIPAL/2003/2003-0003/2003-0003_1.pdf

Parliament. *Data Protection Act*, recuperada de: https://www.japarliament.gov.jm/attachments/article/341/The%20Data%20Protection%20Act,%202020%20No.%207.pdf

Presidencia de la República. *Reglamento de la Ley Federal de Protección de Datos Personales en Posesión de los Particulares*, recuperado de: https://www.diputados.gob.mx/LeyesBiblio/regley/Reg_LFPDPPP.pdf

Red Iberoamericana de Protección de Datos. *Estándares Iberoamericanos de Poteción de Datos Presonales para los Estados Iberoamericanos*, considerandos (1) y (2), recuperado de: https://www.redipd.org/sites/default/files/inline-files/Estandares_Esp_Con_logo_RIPD.pdf

Seminario Derechos, Adolescentes y Redes Sociales en Internet. *Memorándum sobre la protección de datos personales y la vida privada en las redes sociales en internet, en particular de niñas, niños y adolescentes (Memorándum de Montevideo)*, recuperado de: https://www.gub.uy/unidad-reguladora-control-datos-personales/sites/unidad-reguladora-control-datos-personales/files/documentos/publicaciones/Descargar%2BMemor%C3%A1ndum%2Bde%2BMontevideo%2BRedes%2BSociales%2Ben%2Bla%2Bni%C3%B1ez%2By%2Bla%2Badolescencia.pdf

Senado, *Proyecto de ley, regula la protección y el tratamiento de los datos personales y crea la Agencia de Protección de Datos Personales*, recuperada de: https://www.camara.cl/legislacion/ProyectosDeLey/tramitacion.aspx?prmID=11661&prmBOLETIN=11144-07

TAMMY RODRIGUEZ vs META PLATFORMS, INC., (20 de enero de 2022). Demanda recuperada de: https://socialmediavictims.org/wp-content/uploads/2022/01/Rodriguez-Complaint-FINAL-1_21_22.pdf

UNITED STATES OF AMERICA vs BYTEDANCE LTD. (02 de agosto de 2024). Demanda recuperada de: https://www.ftc.gov/system/files/ftc_gov/pdf/bytedance_complaint.pdf

Walsh, Dylan (01 de mayo de 2024). La máquina de la desinformación: ¿Qué tan susceptibles somos a la propaganda de la IA? (stanford.edu), HAI.

Yuste, Rafael. 02 de febrero de 2024. *Hay que proteger el cerebro como el santuario de nuestra mente porque ahí se genera la identidad humana*, recuperado de: https://www.somosiberoamerica.org/entrevista/rafael-yuste-hay-que-proteger-el-cerebro-como-el-santuario-de-nuestra-mente-porque-ahi-se-genera-la-identidad-humana/

tirant PRIME

Inteligencia jurídica
en expansión

Trabajamos para
mejorar el día a día
del **operador jurídico**

Adéntrese en el universo
de **soluciones jurídicas**

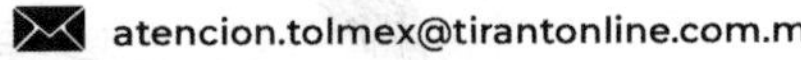

prime.tirant.com/mx/